Margarita Klein

Schmetterling und Katzenpfoten
Sanfte Massagen für Babys und Kinder

Mit einem Beitrag von Thomas Harms
Fotos: Horst Lichte

Ökotopia Verlag Münster

Impressum

Autorin: Margarita Klein

Fotos: Horst Lichte

Druck: Druckwerkstatt Münster

Satz und Lithos: Studio Bandur, Bad Camberg-Würges

Herausgeber: BBS – Buchwerk Bernhard Schön, Hünstetten-Ketternschwalbach

© 1999 Ökotopia Verlag, Münster

Dieses Buch wurde auf garantiert chlorfreiem, umweltfreundlichem Papier gedruckt. Im Bleichprozess wird statt Chlor Wasserstoffperoxid eingesetzt. Dadurch entstehen keine hochtoxischen CKW(Chlorkohlenwasserstoff-)haltigen Abwässer.

Die Deutsche Bibliothek – CIP-Einheitsaufnahme

Schmetterling und Katzenpfoten : sanfte Massagen für Babys und Kinder / [Hrsg.: BBS - Buchwerk Bernhard Schön]. Margarita Klein. Mit einem Beitr. von Thomas Harms. Fotos: Horst Lichte. - Münster : Ökotopia-Verl., 1999
 ISBN 3-931902-38-2

für Lena und Marieke

*Jedes Geschöpf
ist mit einem anderen verbunden,
und jedes Wesen
wird durch ein anderes gehalten.*

Hildegard von Bingen

Inhalt

Vorwort 6

Einladung zu einem Gespräch von Hand zu Haut 8

Kapitel 1: Einander berühren 13

Massage ist ... 13
Der Strom des Lebens 13
Achtsamkeit 14
Rhythmus und Rituale 15
Mit allen Sinnen: sinn-voll 16
Mit offenen Händen und offenem Herzen 16

Wann tut Massage besonders gut? 17
Willkommen in dieser Welt! 17
Hilfe, ich wachse 18
Heile, heile Segen 19
Einander verstehen lernen 19
Mag mein Baby die Massage? 20
Wann es besser ist nicht zu massieren 20

Kapitel 2: Massagen für Babys

Vorbereitungen 23

Die Schmetterlingsmassage (nach Eva Reich) 27

Die indische Babymassage 37

Kapitel 3: Geschichten und Spiele auf der Haut 47

Mit Hand und Fuß: Spiele für kleine Leute 47
Das Aufwachspiel 48
Wiese, Riese, Maus 49
Hier haste 'nen Taler 49
Rutschbahn 50

Es geht ein Mann die Trepp' hinauf 51
Bär oder Maus? 51
Das Krokodil am Nil 52

Geschichten auf der Haut 52
Die Allwettermassage 53
Haare waschen 54
Flügel putzen 56
Autowaschanlage 57
Ein Paket verschicken 59
Hot Dog 60
Ein Schiff geht auf die Reise 62
Pizza backen 63
Die Katzenpfotenmassage 64
Krabbelkäfer, Igelkinder, goldene Kugeln 65

Kapitel 4: Massagen, die heilen und lindern 67

Aus dem Nest gefallen 68
Bauchweh 69
Unstillbares Schreien 72
Schlaf, Kindchen, schlaf 74
Wenn die Zähne kommen 76
Schnupfen, Husten 77
Kopfweh 79
Rückenschmerzen 81
Begleitung bei Neurodermitis und Asthma 82
Wenn das Kind sehr krank ist 83
Damit ich ruhiger denken kann: Selbstmassage für Kinder 84

Kapitel 5: Hintergründe 87

Die Haut als Ort der Kommunikation: Grenze, Kontakt und Austausch 87

Vegetative Grundlagen der Babymassage (Thomas Harms) 93

Literatur 106

Über die Autorin 107

Vorwort

Voller Freude auf die Geburt unseres ersten gemeinsamen Kindes schenkte mir mein Mann vor nunmehr 18 Jahren das Buch „Sanfte Hände" von Frédérick Leboyer. Die Nähe und Zärtlichkeit der Texte berührten mich tief und die Sicherheit und Ruhe dieser Mutter beeindruckten mich. Ich konnte es kaum erwarten ... Dann der erste Kontakt nach einer stürmischen Geburt. Aufregend der erste Blick in diese tiefen blauen Augen meiner Tochter. Erstaunen – natürlich sah das Baby ganz anders aus als ich erwartet hatte. Ebenso unvergessen: ihre Haut auf meiner. Der Blick hatte auch etwas Fremdes, Prüfendes, aber die Berührung, der kleine Körper auf meinem Bauch anstatt innen drin, ihr zarter Rücken unter unseren Händen: Noch nie gefühlt, dennoch vertraut, ein Wiedererkennen.

Berühren, streicheln, massieren wurde bald ein wichtiger Bestandteil unseres Zusammenseins, auch und gerade in einer schwierigen Zeit, als ihr junges Leben nur noch an einem seidenen Faden hing. Beruhigend, wärmend, nährend für sie, tröstend für mich, für uns. All meine Liebe legte ich in die Berührungen, um diesen zarten Hauch, der sie war, zu stärken, zu erhalten, zu ermutigen. Unter meinen Händen spürte ich zuerst, dass es geschafft war, dass sie bei uns bleiben würde, spürte ich, dass dieses Leben leben wollte.

Zwei Jahre später kam unsere zweite Tochter zur Welt. Welch ein Unterschied! Kraftvoll und energisch war sie. In sich ruhend öffnete sie nur gelegentlich die Augen zu kleinen Schlitzen. Die Haut war prall und fest, forderte mich zu anderen, nachdrücklicheren Berührungen auf, zu herzhaftem Zugreifen.

In den folgenden Jahren machte ich (und ebenso mein Mann) eine Vielzahl von Erfahrungen mit der Bedeutung und Wirksamkeit von Berührungen. Massagen gehörten selbstverständlich zu unserem Miteinanderleben. Zuerst die Babymassage, dann Spiele auf der Haut, verbunden mit kleinen Geschichten, Massagen bei kleinen Beschwerden und ganz besonders beliebt: die tägliche Massage zum Einschlafen. Es war ganz einfach die Art, wie wir miteinander umgingen. Papas warme Hände und Mamas Berührungen bereiteten Behagen, Vergnügen, Spaß oder Ruhe. Die Kinder entwickelten bald eigene Vorlieben und wünschten sich bestimmte Massagearten zu bestimmten Gelegenheiten.

Bitte denken Sie nicht, dass wir eine ständig harmonische, ewig lächelnde Familie sind: Wir haben Streit wie andere auch, es gibt Belastungen, Krankheiten und Sorgen. Heute glaube ich, dass wir auch durch unsere Massagerituale immer wieder zueinander gefunden haben, dass unvermeidbare gegenseitige Verletzungen nicht so tief waren und schneller heilen konnten.

Die beiden Mädchen sind jetzt groß. Im Umgang miteinander, mit uns und mit ihren FreundInnen erkenne ich mit großer Freude einige der Qualitäten wieder, die wir miteinander gelebt haben. Ich sehe die Fähigkeit, sich durch Berührung einander mitzuteilen, sich Gutes zu tun, Vergnügen miteinander zu haben. Diese Freude am eigenen Körper aneinander zu wecken und zu erhalten, wurde mir zum wichtigsten Anliegen in meiner Arbeit mit Familien. Als Hebamme, als Familientherapeutin und in meinen Seminaren für Fachleute habe ich eine Fülle von Gelegenheiten dazu. Mit diesem Buch möchte ich Ihnen, liebe Leserin, lieber Leser, etwas davon weitergeben.

Meine persönlichen Erfahrungen mit unseren Töchtern und mit meinem Mann bildeten Einstieg und Grundlage für mein Wissen über Massage. Auf der Suche nach Lehrern auf der fachlichen Ebene begegnete ich

Eva Reich, die mich die Schmetterlingsmassage lehrte, und von der ich gelernt habe, den Fluss von Energie im Körper als schlichte, spürbare Tatsache zu erleben;

Alena Maria Schneider, bei der ich die heilende Wirkung von Qi Gong und Shiatsu erfuhr und das Geheimnis der Stärke, die in der Stille liegt;

Gila Haeckel, die mich mit der Macht innerer Bilder vertraut machte und mir half sie zu nutzen, um Lebensträume zu entdecken und zu verwirklichen.

Für die Mitarbeit an diesem Buch danke ich

- dem Lektor Bernhard Schön, der meine Freude am Schreiben weckte und der geduldig und anregend den Prozess des Werdens und Wachsens eines Buches begleitet;
- Maritta Schoepe, Susanne Köpke und vor allem meinem Mann Jochen Klein für aufmerksames und kreatives Korrekturlesen;
- dem Psychologen und Körpertherapeuten Thomas Harms, der einen Aufsatz beigesteuert hat;
- dem Fotografen Horst Lichte, dessen Gelassenheit die Fototermine zu einem entspannten Vergnügen für alle gemacht hat,
- und ganz besonders den Eltern und Kindern, die sich mutig und mit Freude auf das Abenteuer eingelassen haben, sich miteinander fotografieren zu lassen.

Einladung zu einem Gespräch von Hand zu Haut

Einander zu berühren, „sich das Fell zu kraulen", zu kuscheln und sich zu kosen, das ist eine Form miteinander umzugehen, wie sie Menschen schon immer gepflegt haben. So wurden die Beziehungen zueinander immer wieder bestätigt und gefestigt. Bis heute finden sich in Familien selbstverständliche Rituale der „Fellpflege", umso häufiger, je kleiner die Kinder sind, je mehr sie körperliche Kontakte einfordern.

Ich lasse mir gern erzählen, welche Spiele Menschen in ihrer engsten Umgebung miteinander entwickeln. Dabei bin ich überrascht, wie vielfältig und fantasievoll diese „Spielchen" sein können. Anscheinend sind dem Erfindungsreichtum kaum Grenzen gesetzt.

Denken Sie selbst einmal nach: An welche Berührungsspiele erinnern Sie sich aus Ihrer Kindheit?

Vielleicht das Buchstabenspiel auf dem Rücken? Oder, wie Sie mit Geschwistern „Fuß an Fuß, Po an Po" gespielt haben? Friedrich K. Wächter hat es in seinem Kinderbuch: „Wir können noch viel zusammen machen" zeichnerisch umgesetzt und in vielen poetischen Bildern und Texten erzählt, wie ein Fisch, ein Schwein und ein Vogel miteinander Berührungspunkte entdecken, und er lädt die Leser ein, selbst kreativ zu werden.

Was spielen Sie mit Ihrem Baby: Küssen Sie seine Füße? Fahren Sie mit der Nase über seinen Bauch und pusten Sie in seinen Bauchnabel? Patschen Sie sacht auf seinen Po? Und wenn Ihre Kinder schon älter sind: Kuscheln Sie beim Vorlesen? Kraulen Sie sich gegenseitig den Rücken? Haben Sie Spaß bei gemeinsamen Fingerspielen? Oder wozu fordert Ihr Kind Sie auf?

Wenn Ihr Kind krank ist, wo legen Sie Ihre Hand hin? Auf den Kopf vielleicht oder auf den Bauch? Wenn jemand, der Ihnen nah ist, traurig ist, berühren Sie ihn oder sie, um zu zeigen: Ich bin bei dir?

Über die Sprache hinaus beherrschen die Menschen ein großes Repertoire an Möglichkeiten sich zu verständigen: Durch Blicke, Gesten und durch Berührung.

Vielleicht fragen Sie sich trotzdem:

Wozu braucht ein Baby, braucht ein Kind eigentlich Massage?

Jeder Mensch braucht Berührung

Eine Berührung kann manchmal tiefer als Worte Verbindung zwischen Menschen herstellen, kann ein inniges Gespräch von Hand zu Haut sein, kann Zuneigung und Nähe direkt erfahrbar machen. Durch einen Mangel an Berührung verarmen Menschen: Es ist bekannt, dass Kinder schwer beeinträchtigt werden in ihrer Entwicklung, alte Menschen vor allem darunter leiden, dass sie wenig berührt werden. Menschen jeden Alters blühen im zärtlichen Kontakt von Haut zu Haut gleichsam auf.

Wenn Sie sich intensiver mit der Wirkung von Massage und den theoretischen Hintergründen beschäftigen möchten, lesen Sie im letzten Teil des Buches ab Seite 87 ein Kapitel über die Haut und ihre Funktion in der Kommunikation zwischen Menschen als Grenze und als Möglichkeit zu Kontakt und Austausch. Dort können Sie erfahren, wie umfassend und tiefgreifend eine aufmerksame Berührung der Haut Gesundheit, Wohlbefinden und Entwicklung fördert.

Der dann folgende Beitrag des Psychotherapeuten Thomas Harms (Seite 93 ff.) führt Sie ein in die vegetativen Grundlagen der Babymassage aus der Sicht der bioenergetischen Theorie.

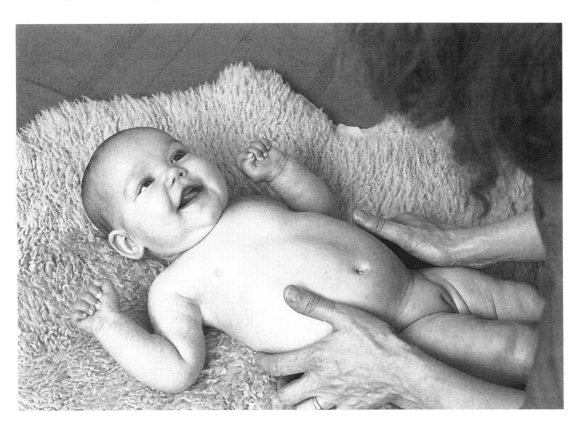

Sie können sich aber auch ohne Umwege mit dieser ganz besonderen Form der Berührung, der Massage beschäftigen.

Massagen mit Babys und Kindern sind ein inniges Miteinander-Sein. Babymassage möchte vor allem, dass Eltern mit Achtsamkeit die Signale des Babys spüren und immer besser herausfinden, was ihm gefällt. So entsteht eine gemeinsame Körpersprache, sie werden immer vertrauter miteinander und können sich einander nah fühlen. Gemeinsam in einen Fluss von Bewegungen einzutauchen, das ist eine Erfahrung, die beiden gut tut, dem massierenden Elternteil und dem massierten Kind.

Massage ist Austausch, Kommunikation miteinander, ist Geben und Nehmen. Kapitel 1 macht Sie mit einigen Gedanken über die Bedeutung von Massage, über Achtsamkeit im Umgang mit einem Baby, über Rhythmus und Rituale und den Fluss von Energien vertraut.

Wenn Berührung ein Gespräch zwischen Hand und Haut ist, dann sind wohl durchdachte, zum Teil seit langem überlieferte Techniken der Babymassage vielleicht als ein Lied zu beschreiben, das Eltern und Kinder gemeinsam singen. Die Melodie wird mit der Zeit vertraut und schon die Vorbereitungen wecken Freude auf das Kommende. Das Erlernen von verschiedenen Massagetechniken gibt den Händen die Gelassenheit, auf erprobten Wegen zu gehen, das Ritual der Massage vermittelt Ruhe und Sicherheit. Die Liebe zum Kind und der Wunsch, sie ihm zu zeigen und ihm Halt zu geben, können sich so noch besser entfalten.

In Kapitel 2 finden Sie Anregungen, die es Ihnen leicht machen, eine Massage für Sie und für Ihr Baby zum Vergnügen werden zu lassen. Ich stelle Ihnen zwei unterschiedliche Arten der Babymassage vor. Die Schmetterlingsmassage ist sehr zart und besonders für neugeborene Babys geeignet. Sie ist angelehnt an die bioenergetische Körpertherapie von Eva Reich.

Die traditionelle indische Babymassage hat Frédérick Leboyer mit seinen Veröffentlichungen und Vorträgen in Europa bekannt gemacht. Sie eignet sich für ältere Babys ab etwa drei Monaten.

Babymassage ist ein lebendiges Miteinander-Umgehen. Sie wächst und verändert sich unter Ihren Händen im Lauf der Zeit. Anleitungen sind immer nur als Anregungen zu verstehen. Solange Sie und ihr Baby sich wohlfühlen bei dem, was Sie miteinander tun, machen Sie alles richtig. Um es Ihnen noch leichter zu machen, Massage in Ihr tägliches Leben zu übernehmen, finden Sie die wichtigsten Formen beider Babymassagen auf dem beiliegenden Plakat. Vielleicht hängen Sie es sich so auf, dass Sie immer mal wieder einen Blick darauf werfen können.

Wenn Ihr Kind heranwächst, mag es vielleicht weiterhin auf diese ihm bekannte Weise massiert werden, vielleicht beim Einschlafen oder wenn es sich unwohl fühlt. Bestimmt mag es aber, dass eine Massage von Worten begleitet wird, dass Sie „Spiele mit Hand und Fuß" mit ihm spielen oder ihm „Geschichten auf der Haut" erzählen. Nehmen Sie die Verse und Geschichten in Kapitel 3 als Anregung. Sie werden bald die Erfahrung machen, dass im Laufe der Zeit viele eigene Ideen dazukommen. Lassen Sie Ihre Phantasie und die Ihres Kindes gemeinsam spielen! Die Verbindung aus Sprache und Berührung bringt Sie in einen tiefen Kontakt miteinander, Verständigung macht Spaß, das Miteinanderleben ist sinn-voll.

Und wenn sich Ihr Baby einmal unwohl fühlt, wenn Ihr Kind über Bauchschmerzen oder Kopfweh klagt, finden Sie in Kapitel 4 eine Auswahl gezielter Massagen, die Beschwerden lindern können. Heilen durch Berührung ist wohl die älteste Medizin der Welt und findet heute wieder ihren Platz neben der Schulmedizin und anderen Heilweisen. Vielleicht tut das eine oder andere davon auch Ihnen und Ihrem Partner gut.

So kann Massage das Leben und Wachsen miteinander bereichern. Achtsamkeit und Zuneigung finden einen Ausdruck. Das Kind wächst heran in der sicheren Erfahrung: Ich werde geliebt.

Ich wünsche Ihnen viel Freude beim Lesen und gemeinsam mit den Kindern viel Spaß und Entspannung bei den Massagen!

Ein See, sehr tief:
Deine Augen.
Ein Fluss schwingt durch das Land:
Bewegung innen wie außen.
Ein Meer, auf und ab:
Dein Atem.
Dein Lachen ein Schiff,
um in die Sonne zu segeln

M.K., für Lena

Kapitel 1
Einander berühren

Massage ist ...

Der Strom des Lebens

Wenn Sie Ihr Baby massieren, Ihr Kind, einen Menschen, der Ihnen nahe ist, kann das eine tiefe, freudige Begegnung werden. Sie rühren einander an, es ist ein Geschenk für beide, beglückend und warm. Es ist, als ob ein Strom von Energien zwischen Ihnen fließt, Sie beide miteinander verbindet. Um diesen Fluss zunächst bei sich selbst zu spüren, lade ich Sie zu einer kleinen Übung ein:

- Setzen Sie sich aufrecht hin, die Schultern bleiben dabei entspannt, Sie atmen ruhig weiter ...
- Schütteln Sie Ihre Hände aus.
- Legen Sie die Handflächen in Höhe des Brustbeins gegeneinander, und reiben Sie sie kräftig (ca. 20 x).
- Dann schließen Sie die Augen und spüren Sie, was zwischen Ihren Handflächen geschieht: Halten Sie die Handflächen im Abstand von etwa fünf Zentimetern voneinander entfernt. Die Handflächen zeigen zueinander.
- Nehmen Sie alles wahr, was Sie zwischen Ihren Handflächen spüren!
- Bewegen Sie die Hände voneinander weg: Wann können Sie den Energiefluss nicht mehr spüren?
- Nähern Sie die Hände einander an, was spüren Sie jetzt?
- Wechseln Sie einige Male zwischen Nähern und Entfernen.
- Drehen Sie die Hände gegeneinander, als wollten Sie das, was Sie dazwischen spüren, zu einem Ball formen.
- Beenden Sie die Übung, räkeln Sie sich, öffnen Sie die Augen.

Vielleicht möchten Sie die Übung einige Male wiederholen, bis Sie wahrnehmen können, wie Ihre Hände über die sichtbaren Grenzen hinaus spürbar von Energie umgeben sind.

Dem Studium des Energieflusses, seinen Störungen und wie sie geheilt werden können, widmen besonders die traditionellen Medizinwissenschaften im asiatischen Raum seit vielen Generationen ihre Aufmerksamkeit. Hier im Westen ist ein wachsendes Interesse an diesem Konzept zu beobachten.

Nehmen wir einmal an, es stimmt, dass im Körper des Menschen und darüber hinaus Energien fließen. Dann kann ein Stocken dieses Flusses zu Unwohlsein und Krankheit führen, sein beständiger Gang hält uns im Gleichgewicht.

Die eigenen Energien stehen in Verbindung mit der Welt um uns herum, werden davon genährt oder auch verstört. Kommt es zu einer Stockung durch eine seelisch oder körperlich verletzende Erfahrung, kann liebevolle Berührung durch einen anderen Menschen sie wieder in Fluss bringen.

Achtsamkeit

Kann ich etwas falsch machen bei der Massage? Diese Frage stellen sich Eltern manchmal.

Ein Baby ist ein weiser Lehrmeister. Es fordert Achtsamkeit und Konzentration auf das Hier und Jetzt. Sie können ein Baby, ein Kind nur solange massieren, wie es damit einverstanden ist. Behagt ihm die Behandlung nicht, wendet es sich ab, weint, wehrt die Berührung ab. Kein Baby lässt eine Massage über sich ergehen, in der Hoffnung, dass es schon für etwas nützlich sei. Es lebt und fühlt hier und jetzt, nicht mit Blick auf die Zukunft. Es verlangt absolute Zuwendung. Sobald die Mutter, der Vater gedanklich oder emotional mit anderen Dingen beschäftigt ist, wird das Baby unruhig. Schließlich macht es Sie auch ärgerlich, wenn Sie in einer intensiven Gesprächssituation merken, dass der andere nicht ganz bei der Sache ist.

Wenden Sie sich Ihrem Kind mit Ihrer vollen Aufmerksamkeit zu. Erspüren Sie mit offenen Händen seine Reaktionen, sehen Sie mit offenen Augen seine Mimik und seine Bewegungen, hören Sie mit offenen Ohren seine Laute. Mit der Art Ihrer Berührung, mit Blickkontakt, mit Ihrer Stimme antworten Sie darauf. So kann Massage zu einem Gespräch miteinander werden, das beide Partner tief befriedigt. Sie erfahren auf diese Weise etwas über die körperliche Wirklichkeit Ihres Kindes. Stimmungen, die es nicht ausdrücken kann, weil ihm die Sprache noch gar nicht zur Verfügung steht oder weil ihm die richtigen Worte fehlen oder weil komplizierte Empfindungen sich nicht ausdrücken lassen, teilt es Ihnen über seine Körperspannung, über Mimik und Laute mit. Solange Sie offen und aufmerksam sind, finden ihre Hände intuitiv die richtige Antwort.

Während der vielen Jahren, in denen Sie Ihr Kind bei seinem Aufwachsen begleiten, kann Massage immer wieder eine Form des Austausches sein, die Sie einander nahe bringt. Gerade in schwierigen Zeiten (Krankheit, Wachstumsphasen, neue Lebensabschnitte) können Sie auf diese Weise Ihr Kind wahrnehmen und ihm mit Ihren Händen Sicherheit und Trost geben. So bleiben Sie in Kontakt mit Ihrem Kind, auch durch all seine kleinen und großen Veränderungen hindurch. Ihr Kind erlebt Ihre Achtsamkeit in der Berührung, es erfährt sich selbst als be- und geachtet, auch wenn es im Familienalltag zu unvermeidlichen Meinungsverschiedenheiten, zu Streit oder Ungerechtigkeit kommt.

Achtsamkeit heißt aber auch, auf Zeichen von Unbehagen oder Abwehr zu achten und ein „Nein" zu respektieren. Massage setzt grundsätzlich das Einverständnis beider Beteiligten voraus.

Rhythmus und Rituale

Neben der Anregung des Energieflusses und der Entwicklung der Achtsamkeit füreinander ist es der Rhythmus, der Massage so wohltuend macht.

Alle Prozesse des Lebendigen sind rhythmisch. Das Pulsieren einzelner Zellen, das Wachstum der Pflanzen, der Atem, Schlafen und Wachen, Jahreszeiten, das Kommen und Gehen des Meeres. Rhythmus ist eine der ersten sinnlichen Erfahrungen, die ein Baby macht: Das Schlagen des mütterlichen Herzens, das Aus und Ein ihres Atems, ihre Bewegungen.

Rhythmus ist verlässlich, Ereignisse kehren innerhalb einer bestimmten Zeit immer wieder, sind vorhersehbar. Das bringt Ordnung in die Welt, das schafft Vertrauen.

Für sich den passenden Lebensrhythmus gefunden zu haben, erhält Gesundheit, Freude und Energie. Ihn mit dem Lebenspartner abzustimmen, ist die Aufgabe eines jeden Paares. Wenn ein Baby zur Welt kommt, gerät zunächst alles aus dem Takt und der Rhythmus muss sich erst neu einstellen. Ihr Kind zu massieren, offen und aufmerksam seinen Körper mit all seinen Sinnen wahrzunehmen, hilft Ihnen, einen gemeinsamen Rhythmus zu finden, zur selben (Lebens-)Musik zu tanzen. Falls einer von Ihnen einmal aus dem Takt kommt oder Sie vielleicht mit Ihrem Neugeborenen noch keinen gemeinsamen Rhythmus gefunden haben, kann Massage ein Weg sein, zueinander zu finden. Hier entsteht ein eigener Rhythmus durch die Bewegung der massierenden und die Einstimmung auf die massierte Person. Das geht umso leichter, je mehr Sie mit dem ganzen Körper in diesem Takt leicht mitschwingen. So entsteht eine Art gemeinsamer Tanz, dessen Tempo sich aus dem Temperament der beiden Tänzer ergibt.

Für manche Menschen ist es leichter, mit Musik in einen Rhythmus zu finden. Wenn diese gut gewählt ist (ein langsamer, stetiger Rhythmus), kann das dazu beitragen, sich auf einen gemeinsamen Takt einzustimmen. Anregungen finden Sie dazu in dem Buch und auf der CD von Höfele/Klein „Sanfte Klänge für Babys und Eltern" (Ökotopia Verlag 1999).

Dem Tag, dem Jahr einen Rhythmus zu geben, bedeutet, Rituale zu entwickeln, Gewohnheiten wiederkehren zu lassen. Kinder lieben Familienrituale. Sie geben ihnen Sicherheit und Vertrauen. Im Laufe der Zeit kann Massage so ein Ritual werden, z. B. abends vor dem Einschlafen oder Sonntag morgens.

Mit allen Sinnen: sinn-voll

Massage ist ein sinnliches Vergnügen und das umso mehr, je offener die Sinne der Beteiligten füreinander sind. Sich von Haut zu Haut zu spüren ist wie ein inniges Gespräch miteinander. Haut kann viel erzählen und Hände können hören und Antworten geben. Schauen Sie das Kind an bei der Massage, voller Begeisterung wird es Ihren Blick erwidern. Kleine Laute werden ausgetauscht, oft summen die Erwachsenen sanft und rhythmisch, das Baby antwortet auf seine Art. Und auch der Geruch verbindet sie miteinander. Das Gehirn meldet dem Kind und seinen Eltern: Wir gehören zusammen, wir sind eine Familie. Mit offenen Sinnen füreinander ist Massage sinn-voll für Eltern und Kind.

Mit offenen Händen und offenen Herzen

Der Umgang mit einem Baby verändert auch die Erwachsenen. Anstelle der im Alltag vorherrschenden sprachlichen Verständigung tritt jetzt die taktile Kommunikation stärker in den Vordergrund. Je mehr sich Eltern darüber klar sind, dass jede Berührung für das Kind Ausdruck der Beziehung zueinander ist, desto aufmerksamer werden sie auch bei allen alltäglichen Pflegehandlungen ihr Baby anfassen. Die tägliche Massage bedeutet für das Baby zum einen, dass auch seine Haut satt wird. Und für die Erwachsenen bedeutet es, der Berührung im Umgang miteinander mehr Raum zu geben, ihre tiefe Wirkung selbst wahrzunehmen.

Ein Baby regelmäßig zu massieren verändert das Bewusstsein, es macht die Hände offener und sensibler auch in Alltagshandlungen. So kann auch das Wickeln, das Waschen und Anziehen zu einem Gespräch miteinander werden. Auf diese Weise mit einem Baby im Kontakt zu sein, erweitert die eigenen Wahrnehmungs- und Ausdrucksmöglichkeiten. Und das Leben mit einem Baby bringt einen großen Zugewinn an Selbst-Erfahrung.

Wann tut Massage besonders gut?

Willkommen in dieser Welt!

Massage kann schon kurz nach der Geburt dem Baby und seinen Eltern helfen einander zu begrüßen.

Die umfassendste Sinneserfahrung, die ein Baby in den Monaten vor seiner Geburt macht, sind Berührungen. Während der gesamten Schwangerschaft wird es von allen Seiten gehalten, es spürt, wie seine eigenen Gliedmaßen sich berühren, es spürt die pulsierende, lebendige Nabelschnur, die Wände der Gebärmutter, die sich immer wieder einmal zusammenziehen. Seine erste Lebenserfahrung ist: Ich spüre, also bin ich.

Unter der Geburt wird die Haut besonders stark stimuliert. Wie anders dagegen sind die Empfindungen danach: Kälte, Trockenheit, raue Kleidung, der Druck der Schwerkraft, der das Baby auf seine Unterlage presst – es weint. Welch ein Trost sind dann die Hände, die es halten, die es berühren, die es einhüllen. Die Hände sprechen zu ihm, in der einzigen Sprache, die das Kind versteht: mit einer Berührung. Sie sagen ihm: Es ist gut, wir sind da. Wir halten dich. Willkommen hier draußen.

Geborgen in den Händen der Eltern, auf ihrem Bauch, an der Brust der Mutter, kann ein Baby sich immer wieder erholen: von dem Abenteuer des Geborenwerdens und dem Schrecken der Leere danach, von all den überwältigenden Eindrücken, die das Leben bereit hält.

Auch für die Mutter ist es ein Trost, ihr Baby zu berühren. Auch sie spürt manchmal in den Tagen und Wochen nach der Geburt Leere, Verlust. Das selbstverständliche gemeinsame Leben in einem Körper ist unwiderruflich zu Ende und eine Trennung, bei aller Freude auf das Kommende, ist immer auch schmerzlich. Ihr Baby zu streicheln, zu liebkosen, mit ihm gemeinsam in die leichte Trance einer Massage zu versinken, das tut auch der Mutter gut, hilft gegen den Schmerz des Abschieds. Für eine kurze Zeit sind die beiden wieder wie in einen gemeinsamen Kokon gehüllt. Die überwältigenden Gefühle nach der Geburt, die sich nicht in Worte fassen lassen, finden in der Sprache von Hand zu Haut ihren Ausdruck.

Manchmal ist eine Frau nach der Geburt irritiert oder sogar verstört. Es kann ihr helfen wieder zu sich zu finden, wenn sie selbst eine „Babymassage" bekommt.

Der Vater kann sich über die Massage mit dem Baby vertraut machen. Er kann jetzt ganz direkt mit ihm in Kontakt treten, sich von Haut zu Haut verständigen.

Schon in der Schwangerschaft können Eltern Massage lernen. Nach der

Geburt könnten es ihnen die Kinderschwestern im Krankenhaus zeigen oder die Hebamme, die nach der Geburt zur Wochenbett-Betreuung ins Haus kommt. Mit diesem Wissen können Sie möglichst bald nach der Geburt beginnen Ihr Baby zu massieren. Später macht es viel Spaß, mit dem Kleinen gemeinsam einen Babymassagekurs zu besuchen. Etwa zwischen dem Ende des dritten und dem siebten Lebensmonat ist dafür die beste Zeit. Dann sind Mutter und Kind schon so vertraut miteinander, dass in der Regel eine Stunde in einer größeren Gruppe sie nicht mehr anstrengt. Für ein jüngeres Kind kann es eine Überforderung werden, ist es schon älter, möchte es in einer so anregenden Umgebung viel lieber davonkrabbeln.

Ist das Baby zu früh geboren oder wird es nach der Geburt von der Mutter getrennt, kann Massage helfen, die Folgen dieses Traumas zu überwinden. Frühgeborene gedeihen besser, wenn sie täglich massiert werden. Eltern haben mit der Massage eine Möglichkeit, ihr winziges, zartes, vielleicht sogar krankes Baby zu umsorgen, ihm etwas ganz einzigartig Gutes zu tun, etwas, das nur sie geben können.

Hilfe – ich wachse

Die gesamte Babyzeit über ist Körperkontakt die grundlegende Art der Verständigung zwischen Eltern und Kind. Massage kann ein wichtiger Aspekt dabei sein. Wenn sich die Sprache entwickelt, übernimmt sie einen immer größeren Teil der Kommunikation. Die ganz frühe Sprache von Haut zu Haut bleibt aber dennoch von großer Bedeutung.

Besonders, wenn ein Baby oder ein Kind irritiert ist, weil es wieder vor einem neuen Entwicklungsschritt steht oder weil sich in seiner Umgebung etwas geändert hat, gibt die Massage dem Kind Halt und feste Wurzeln. Es spürt sich selbst wieder als Einheit, die Welt fühlt sich wieder richtig an. Der Übergang von einem Stadium der sensomotorischen Entwicklung zum nächsten – vom Liegen zum Drehen, zum Krabbeln, zum Stehen – ist immer auch mit einer gewis-

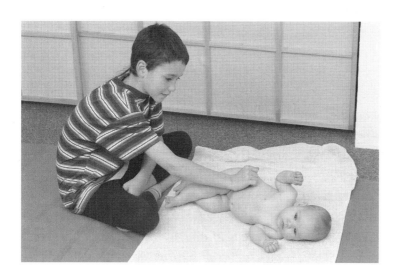

sen Unruhe verbunden. Für das Kind sieht die Welt anders aus, wenn es darin steht oder gar laufen kann. Es erlebt seine Welt neu. Das ist aufregend.

Auch äußere Veränderungen können ein Kind sehr irritieren, die Geburt eines Geschwisters zum Beispiel, ein Umzug, der Eintritt in den Kindergarten oder in die Schule. Aufregungen, Veränderungen oder Abschiede können Sie Ihrem Kind nicht ersparen, aber Sie können ihm helfen, sie leichter zu bewältigen. Sie können ihm Halt geben. Massage als eine vertraute Kommunikationsform vermittelt Ihrem Kind die Gewissheit: Was immer geschieht: Ich fühle mich selbst und ich bin geborgen.

Heile, heile Segen

Wenn ein Kind krank ist, fühlt es sich oft ganz klein. Auch ein Neunjähriger, sonst schon ein großer Held, kann sich dann noch einmal eine Babymassage wünschen, kann sich von Händen einhüllen lassen, kann Nähe und Zärtlichkeit in vollen Zügen genießen. Massage, auf den Zustand des Kindes abgestimmt, unterstützt das Gesundwerden. Darüber hinaus gibt es noch speziellere Massagen, die körperliche Beschwerden wirkungsvoll lindern können. Sicher, ein Schnupfen dauert mit oder ohne Behandlung eine Woche, aber er ist leichter zu ertragen, wenn die Nase massiert wird. Und auch Bauchweh lässt sich mit der richtigen Berührung besser ertragen.

Braucht Ihr Kind eine krankengymnastische oder ergotherapeutische Behandlung oder muss es eine Spreizhose tragen, kann Massage eine wohltuende Ergänzung der Therapie sein.

Einander verstehen lernen

Manchmal haben Eltern und Kinder es schwer miteinander, sie scheinen verschiedene Sprachen zu sprechen, verstehen einander nicht. „Mein Baby mag mich nicht", vermutet dann die verunsicherte Mutter. Oder: „Es ist mir fremd". Äußere Belastungen können zu diesem Gefühl beitragen, oder Ursachen, die in der persönlichen Geschichte der Mutter liegen, oder aber auch besondere Eigenarten des Kindes. Es ist schwer, sich als erfolgreiche Mutter zu fühlen, wenn ein Baby sehr viel schreit oder wenn es sich immer abwendet.

Manchmal handelt es sich aber auch eher um eine Unkenntnis darüber, wie Neugeborene reagieren.

Einander nicht zu verstehen, die Beziehung zueinander nicht sehen, nicht fühlen zu können, belastet und kann zu einem Gefühl von Hilflosigkeit, zu Vernachlässigung oder Aggressionen führen.

Eltern, die sich ihrem Kind fremd fühlen, finden Rat und Hilfe vielleicht schon bei der Hebamme, die sie im

Wochenbett betreut. Manchmal ist es auch ein geduldiger Kinderarzt oder eine Ärztin, eine Krankengymnastin oder eine Familientherapeutin, die den Eltern hilft, Verhaltensweisen ihres Kindes besser zu verstehen.

Massage kann Beratung und Therapie mit Eltern, die sich ihrem Kind gegenüber unsicher und fremd fühlen, sinnvoll ergänzen. Neue Verständigungsmöglichkeiten eröffnen sich, Spüren kann gelernt werden, besonders wenn die Erwachsenen selbst auch Massage bekommen.

Mag mein Baby die Massage?

Diese Frage stellen sich Eltern oft.

Schauen Sie hin, hören Sie zu, was Ihnen Ihr Baby in seiner Sprache darauf antwortet. Zu Beginn kann es ein skeptischer Blick sein: Was ist das jetzt? Was geschieht mit mir?

Beruhigen Sie Ihr Kind, sprechen Sie mit ihm, beschreiben Sie, was Sie tun: Ihre Stimme beruhigt es, alles ist in Ordnung. Es ist neu für beide, für das Baby und Sie selbst, und je gelassener Sie dabei sind, umso vertrauensvoller kann es darauf reagieren.

Vielleicht kommt versuchsweise ein Lächeln – lächeln Sie zurück: Wir sind ein gutes Team, wir beide, wir lernen gerade etwas Neues.

Ein Baby reagiert anders auf Massage als ein Erwachsener: Nie wird es sich mit geschlossenen Augen ruhig und entspannt hinlegen, sich hinterher räkeln und „Danke schön, das war herrlich!" sagen. Statt dessen ist es hellwach bei der Massage, strampelt und zappelt, dreht und wendet sich. Jede Empfindung drückt es sofort aus: mit Geräusch oder Bewegung.

Manchmal taucht ein kurzes Unbehagen auf: es verzieht das Gesicht, quengelt ein wenig. Massieren Sie ruhig weiter, oft geht das schnell vorbei.

Eine eindeutige Ablehnung jedoch muss respektiert werden. Babys und Kinder zeigen deutlich, wenn sie nicht massiert werden wollen. Sie schreien, wenden sich ab, ältere laufen davon oder sagen „nein". Vielleicht mag das Kind lieber zu einer anderen Zeit oder auf eine andere Weise massiert werden, vielleicht ist Massage zu diesem Zeitpunkt seiner Entwicklung nicht das Richtige. Die Gründe dafür können vielfältig sein.

Wann es besser ist nicht zu massieren

„Ich hatte über die wohltuende Wirkung der Babymassage gelesen und wollte sie ausprobieren. Es war eine einzige Katastrophe! Jule hat geschrien und ich war sehr enttäuscht."

„Ich möchte gern mit ihm kuscheln, aber Jonas läuft immer davon."

Jedes Kind hat andere Vorlieben und Bedürfnisse, äußert sich anders.

Auch wenn Massage für viele Kinder ein Gewinn ist, mögen einige sie gar nicht.

Manche Kinder ertragen keine sehr zarten Berührungen. Sie brauchen einen intensiveren, eindeutigen Kontakt, eine klare Information an den Körper: „Hier bin ich – da bist du!" Ihr Nervensystem ist mit undeutlichen, zu leichten, zu schnellen oder ungeordneten Berührungen überfordert. Einem solchen Kind ruhig und beständig zunächst die Hand auf den Bauch, den Rücken oder auf den Kopf zu legen, dabei mit ihm zu sprechen und ihm in die Augen zu schauen, solange es den Blick erwidert, kann ein guter Beginn sein. Ruhige, langsame und etwas festere Bewegungen können folgen.

Einige Babys mögen nicht auf dem Rücken liegen, andere nicht auf dem Bauch. Da hilft etwas Phantasie, z. B. kann man sich ein Baby über die Schulter legen und ihm dabei den Rücken streichen.

Viele Kinder sind gern nackt, andere dagegen mögen es gar nicht, sie fühlen sich schutzlos, frieren vielleicht schnell. Dann sollten Sie wissen: Auch über einem Hemdchen kann Massage schön sein!

Wenn Ihr Kind sehr krank ist, sprechen Sie sich mit der Ärztin ab. Bei Infektionen mit hohem Fieber z. B. sollte nicht massiert werden. Massage ist immer auch ein zusätzlicher Reiz und überfordert womöglich ein fieberndes Kind, dessen Abwehrsystem schon auf Hochtouren arbeitet.

Erinnern Sie sich daran? Wir hatten festgestellt, dass Massage eine Form des Gesprächs zwischen Ihnen und Ihrem Kind ist. Deshalb können Sie ganz sicher sein: Sie werden die Botschaften, die Ihnen Ihr Kind gibt, immer besser verstehen und beantworten. Sie und Ihr Kind gleichermaßen werden sich im Lauf der Zeit immer sicherer miteinander fühlen.

Du,
sprich mit mir!
Ja, ich verstehe, was du sagst.
Deine Hände sprechen meine Sprache,
ich höre mit meiner Haut.
So ein großes Ohr!
Mein Blick taucht in deinen, offen und tief.
Wie schön deine Stimme klingt!
Umfasse mich mit deiner Liebe, ganz und gar.
Welche Wonne,
wie im Paradies, alle Sinne melden Genuss.
Das ist Seligkeit.
Ich bin!

M. K.

Kapitel 2
Massagen für Babys

Vorbereitungen

Zeit haben
Sie möchten Ihr Baby gern massieren, aber Sie haben keine Zeit? Finden Sie heraus, wann es Ihnen und Ihrem Baby am meisten Spaß macht und tun Sie es genau dann. Abwaschen oder aufräumen können Sie auch noch später. Die Welt geht weiter, auch wenn Sie nur einen Teil Ihrer täglichen kleinen und großen Pflichten erfüllen. Ihr Baby braucht Ihre körperliche Zuwendung in seinem ganzen Leben wahrscheinlich nie wieder so wie jetzt. Eine Massage kann für Sie und Ihr Kind ein Ruhepunkt am Tag sein, der Ihnen beiden Entspannung und neue Kraft gibt.

Sorgen Sie dafür, dass Sie nicht unterbrochen werden. Stellen Sie das Telefon ab, weisen Sie Ihre Familie darauf hin: Bitte nicht stören!

Raum schaffen
Ist es warm genug? Ist das Licht angenehm? Möchten Sie eine Kerze anzünden? Musik auflegen?

Richten Sie sich einen Platz ein, wohin Sie sich regelmäßig für die Massage Ihres Babys – oder auch einmal für sich ganz allein – zurückziehen können. Dort finden Sie und Ihr Baby leichter in einen Zustand von Entspannung und Ruhe hinein.

Sich einstimmen
Es ist gut, für einen Moment sich selbst zu spüren und sich erst dann dem Baby zuzuwenden.

Waschen Sie Ihre Hände, legen Sie Uhr und Schmuck ab. Haben Ihre Fingernägel keine scharfen Kanten?

Räkeln Sie sich ausgiebig und gönnen Sie sich einige tiefe Atemzüge. Machen Sie es sich bequem, reiben Sie die Hände fest gegeneinander. Ihr Kind wird diese Rituale kennen lernen und sich schon freuen, wenn Sie damit beginnen.

Begrüßung, Abschied
Nehmen Sie zu Beginn jeder Massage Kontakt zu Ihrem Kind auf. Sie können ihm in die Augen schauen, seinen Fuß mit der Hand umfassen und fragen: Darf ich dich massieren?

Es wird Ihnen mit einer Bewegung, mit Blickkontakt, mit einem Lächeln antworten. Jetzt sind Sie beide bereit, in eine schöne Zeit miteinander einzutauchen. Viel Freude dabei!

Gestalten Sie auch das Ende der Massage bewusst und lassen Sie sie in Ruhe ausklingen. Hüllen Sie das Kind in eine Decke, nehmen Sie es in die Arme, schaukeln Sie sanft hin und her, wenn Sie Lust dazu haben, summen oder singen Sie dabei. Ein größeres Kind findet es wahrscheinlich angenehm, wenn Sie einfach noch ein wenig still neben ihm sitzen.

Genießen Sie beide noch eine Weile die Ruhe und die Nähe miteinander.

Mit voller Aufmerksamkeit
Bleiben Sie während der Massage mit Ihrer ganzen Aufmerksamkeit bei Ihrem Baby. Alle Sinne sind wach und offen und Sie behalten immer mit einer Hand den Körperkontakt. Für diesen Moment gibt es nur das Hier und Jetzt, das Spüren und das gemeinsame Sein.

Wo?
Wohlige Wärme ist eine wichtige Voraussetzung für eine Massage. Ihr Kind ist in der Regel nackt und seine zarte Haut gibt die Körperwärme großzügig nach außen ab. Es hat noch nicht gelernt, Wärme für sich zu behalten. Wahrscheinlich wird in unseren Breiten zunächst aus diesen Gründen der Wickelplatz, der vielleicht mit einer Wärmelampe ausgestattet ist, der richtige Ort sein.

Schöner ist es allerdings, wenn Ihr Baby bei der Massage viel Kontakt zu Ihrem Körper hat. Sie können z. B. auf Ihrem Bett sitzen oder auf einer Decke am Boden, vielleicht in der Nähe der Heizung. Das Baby liegt auf Ihren ausgestreckten oder zwischen Ihren angestellten Beinen auf einem Lammfell oder einer kuscheligen Decke. Stützen Sie sich dabei mit Kissen gut ab, damit es für Sie bequem ist.

Wer?
In einigen Kulturen (z. B. Indien, Bali, Türkei) werden sowohl die Mutter als auch das Baby für einige Zeit nach der Geburt täglich von erfahrenen Frauen massiert. Eine herrliche Sitte! Vielleicht wünschen auch Sie sich Massagen nach der Geburt: von Ihrem Partner oder einer lieben Freundin.

Bei uns massieren eher die Eltern ihr Baby. Oft entstehen dann mit der Zeit schöne Rituale, in denen Massage, jeweils dem Lebensalter des Kindes angepasst, einen Platz findet. Besonders wenn das gemeinsame Leben noch neu ist, füllt Massage sinnvoll die langen Stunden des Tages, in denen sich manche Mutter fragt: Was soll ich eigentlich mit dem Baby machen? Es ist satt und gewickelt, für Spiele und Kinderbücher ist es noch zu klein. Miteinander Massage zu lernen macht Spaß und bringt Abwechslung.

Sein Baby zu massieren gibt auch dem Vater eine Möglichkeit, mit dem Kind in einen innigen Dialog zu treten, selbst wenn es noch sehr klein ist.

Und eine „große Schwester" oder ein „großer Bruder" bekommen gern eine Babymassage. Welch eine gute Gelegenheit, für eine Weile wieder klein zu sein. Oder sie massieren auch schon mit Begeisterung das neue Geschwister, vielleicht zunächst an Händen und Füßen.

Wenn abends endlich alles getan ist und sich die Eltern erschöpft auf dem Sofa einfinden: Eine Massage ist manchmal schöner als ein zähes Gespräch oder ein öder Film im Fernsehen. So können Sie sich gegenseitig etwas Gutes tun in einer für Sie beide anstrengenden Lebensphase.

Wann?

Auf die Lebenszeit bezogen: Es gibt viele gute Gründe, Massage als eine Form des Umgangs miteinander ein Leben lang beizubehalten, vom ersten Tag an bis ins hohe Alter. Der wichtigste: Es macht Spaß und tut gut.

Auf die Tageszeit bezogen: Finden Sie mit Ihrem Baby gemeinsam den günstigsten Zeitpunkt heraus. Eher morgens, wenn noch alle frisch sind, eher am späten Nachmittag, wenn die allgemeine Unruhephase einsetzt oder abends als sanfter Übergang in den Schlaf?

Der Magen des Babys sollte auf jeden Fall nicht allzu voll sein, sonst könnte es sich erbrechen.

Babys reagieren sehr unterschiedlich: Die meisten entwickeln Appetit direkt nach der Massage. Wenn Sie dann gegessen haben, sind einige eher wach und munter, andere fallen in einen langen, tiefen Schlaf, dritte machen ein kurzes Schläfchen, aus dem sie frisch und gestärkt für die nächsten Stunden aufwachen. Beobachten Sie, wie Ihr Baby reagiert! Sie werden den richtigen Zeitpunkt finden.

Was noch?

Meistens ist das Baby nackt bei der Massage. Fühlt sich aber ein Kind eher unwohl oder schutzlos ohne alle Hüllen oder friert es sehr schnell, behält es einfach sein Hemdchen an. Das Babyfell oder eine warme Decke als Unterlage bringt zusätzliche Wärme und vermittelt Geborgenheit.

Babymassage regt das Baby häufig dazu an, seine Blase zu entleeren. Halten Sie eine Stoffwindel oder ein Handtuch bereit.

Nach der Massage hüllen Sie Ihr Baby in eine kleine kuschelige Decke ein, schaukeln und wiegen es noch ein wenig, bevor Sie mit dem meist unbeliebten Ankleiden beginnen.

Wenn Sie mögen, können Sie ein wenig neutrales Mandelöl bei der Massage verwenden. Allerdings verbraucht Öl Feuchtigkeit. Bei täglicher Anwendung ohne Wasser kann das zu trockener, schuppiger Haut führen. Ist dagegen die Haut feucht, wie zum Beispiel nach dem Bad, bildet Öl einen wohltuenden Wärmeschutz.

Vom Zusatz ätherischer Öle rate ich eher ab, da sie den wunderbaren Duft des Babys überdecken.

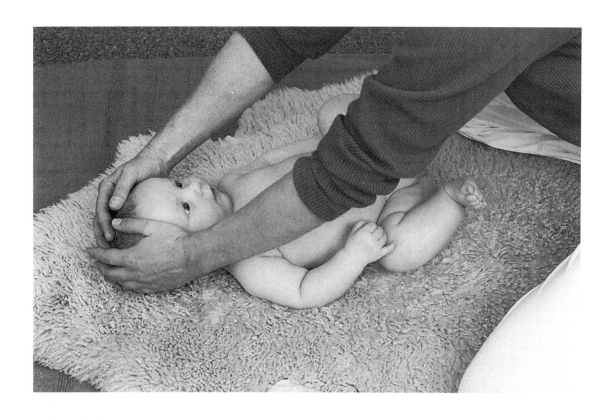

„Wie das Nordlicht am Nachthimmel flackert, so reagiert unsere Lebensenergie, leuchtet und bewegt sich unter dem Energiefeld, das von der berührenden Hand eines anderen ausströmt. Eine Berührung kann uns von Kopf bis Fuß wieder zusammenfügen, kann die zerbrochenen Teile unserer Lebensenergie über Barrieren fließen lassen."

(Eva Reich, in: Wie man ein Baby glücklich macht, Amelia D. Auckett, 1984)

Die Schmetterlingsmassage
(nach Eva Reich)

Die Kinderärztin und Körpertherapeutin Dr. Eva Reich entdeckte als junge Ärztin Anfang der 50er Jahre, dass sie mit einer überaus zarten Massage frühgeborenen und kranken Babys helfen konnte, den Schock der Geburt, der abrupten Trennung von der Mutter und der schmerzhaften medizinischen Eingriffe auf der Intensivstation besser zu bewältigen. Die Kinder entspannten sich unter ihren Händen, wurden rosig, atmeten leichter. In den langen Jahren ihres Wirkens vertiefte sie ihr Wissen darüber, was Babys brauchen. Dabei orientierte Sie sich an den Forschungen ihres Vaters Wilhelm Reich, dem Begründer der Bioenergetik. Sie erweiterte ihre Sichtweise auf die ebenfalls unter Schock stehende Mutter und arbeitete als Therapeutin ebenso mit Kindern wie mit Erwachsenen. Unablässig warb sie in vielen Ländern der Erde für die Idee, dass frühe Trennung, Schmerz und Verletzung die Lebensenergie von Babys (und Müttern) blockieren kann. Schwere, andauernde Belastungen können ihnen aber erspart bleiben, wenn es gelingt, den inneren Fluss wieder anzuregen und den Kontakt zwischen dem Baby und seinen engsten Bezugspersonen herzustellen.

Eine Trennung nach der Geburt sollte vermieden oder – wenn sie unausweichlich ist – durch intensiven Kontakt danach wieder gemildert werden. Und einer erschöpften Mutter, deren Energiefluss blockiert ist, kann auch eine „Babymassage" helfen.

Eva Reich verknüpft diese Gedanken mit der Hoffnung auf eine zukünftige, bessere Welt, in der Menschen Frieden und Glück finden.

Wenn Sie mehr über die Theorie der Bioenergetik erfahren möchten, lesen Sie den Beitrag von Thomas Harms am Ende dieses Buches.

Die Schmetterlingsmassage eignet sich für Neugeborene, auch für Frühgeborene und für kranke Kinder. Sie tut aber auch älteren Kindern und Erwachsenen gut.

Lesen Sie sich den folgenden Text zunächst ganz durch und machen Sie sich in Ruhe mit den drei Techniken und dann mit der Reihenfolge vertraut. Dann können Sie das Buch zur Seite legen und sich mit Ihrer vollen Aufmerksamkeit Ihrem Kind zuwenden. Massieren Sie es so, wie Sie die Anleitung erinnern. Falls Sie einmal etwas vergessen haben, werden Sie beim nächsten Mal weitere Teile hinzufügen.

Lassen Sie sich von Ihren Händen und von der Reaktion des Kindes leiten. Viel Vergnügen dabei!

● *Langes, verbindendes* **Streichen** *von oben nach unten und von der Mitte zur Seite, zart und ziemlich zügig, als ob Sie Wassertropfen von der Haut streifen wollten.*

Ihre Finger sind leicht gespreizt, Ihre Schultern sind locker und Sie hüllen Ihr Kind gleichsam mit Schmetterlingsflügeln ein.

Probieren Sie diese Bewegung an Ihrem Arm aus: Streichen Sie von der Schulter an abwärts hinunter zu den Fingerspitzen. Wie fühlt sich das an?

● **Lockern** *der Muskulatur: Die entspannte Hand oder zwei Finger weich auf den Muskel legen und leicht schütteln. Ihr Daumen liegt dabei neben den Fingern. Stellen Sie sich vor, Sie würden einen Wackelpudding in leichte Schwingungen versetzen.*

Das versuchen Sie am besten an Ihrem Unterarm.

● **Kreisen:** *Setzen Sie die Spitze Ihres Zeigefingers zart auf die Haut und beschreiben Sie kleine Kreise auf der Stelle. Das ist, als ob Sie einen dicken, deutlichen Tupfer malen. Setzen Sie den Finger einen Zentimeter daneben erneut auf, machen Sie wieder kleine Kreise usw. Die Fingerspitze bleibt beim Kreisen immer eine Weile auf einem Fleck, die Haut und die dünne Muskulatur darunter werden über dem Knochen verschoben.*

Machen Sie das bei sich selbst auf dem Handrücken.

Alle Bewegungen gehen vom Kopf des Kindes in Richtung auf seine Füße und von der Mitte des Körpers nach außen.

Jede wird dreimal ausgeführt. Das schafft einen verlässlichen Rhythmus und sorgt außerdem dafür, dass die Massage insgesamt nicht zu lange dauert.

Zeigt Ihr Baby Ihnen, dass es die Massage jetzt beenden möchte, streichen Sie zum Abschluss schmetterlingsleicht dreimal vom Kopf bis zu seinen Füßen.

Begrüßung

Reiben Sie einige Male Ihre Hände fest gegeneinander, als ob Sie sie waschen wollten und schütteln Sie sie dann leicht aus.

Das Kind liegt auf dem Rücken und schaut Sie an. Nehmen Sie Kontakt mit ihm auf, schauen Sie es an, fragen Sie, ob es bereit ist, massiert zu werden.

Streichen Sie einige Male sehr zart, vom Scheitelpunkt des Kopfes ausgehend, mit leicht gespreizten Fingern über den ganzen Körper des Kindes, bis zu den Zehen und darüber hinaus. Lassen Sie Ihre Hände zügig und ganz weich und anschmiegsam jeder Rundung des Körpers folgen. Ihre Schultern bleiben dabei entspannt.

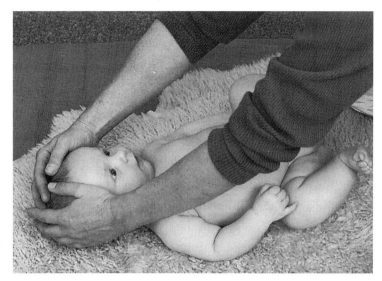

Der Kopf

*Dann massieren Sie nach und nach jeden einzelnen Körperteil.
Die Kopfhaut und die darunterliegenden hauchdünnen Muskeln mit allen Fingerspitzen lockern. (Das Gesicht wird recht zügig behandelt, wenn es dem Kind deutlich unangenehm ist, sogar ausgelassen.)*

Streichen Sie jeweils dreimal mit den Fingerspitzen auf der Stirn von der Mitte zur Seite bis in die Schläfen hinein, um die Augen herum,

von der Nasenwurzel hinunter zu den Nasenflügeln, unter den Wangenknochen im Bogen bis hin zu den Ohren,

umrunden Sie die Ohren, fahren Sie mit der Fingerspitze um den Mund herum.

Kreisen Sie wie oben beschrieben auf der Stirn und auf den Wangen über den Kiefergelenken, um den Mund herum.

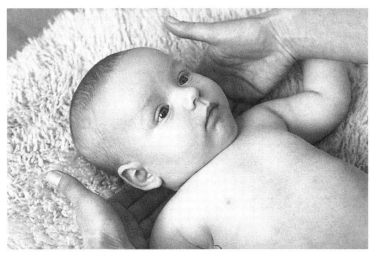

Nacken, Schultern, Arme

Schieben Sie beide Hände unter den Nacken des Kindes ohne seinen Kopf zu heben und streichen Sie dreimal vom Hinterhaupt abwärts über den Nacken und die Rückseite der Schultern.

Streichen Sie schmetterlingsleicht dreimal über Schultern, Arme und Hände.

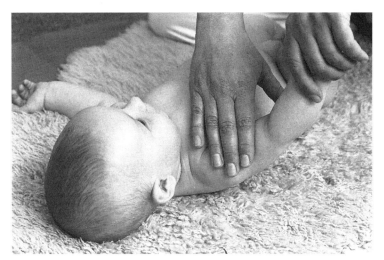

Dann wenden Sie sich dem rechten Arm zu. Halten Sie die Hand des Babys fest. Lockern Sie mit zwei Fingern Ihrer anderen Hand die Muskulatur des Oberarms (wie ein „Wackelpudding"), dann die des Unterarms. Ihre Finger sind dabei weich und anschmiegsam.

Streichen Sie um das Handgelenk herum, dann ausführlicher über den Handrücken und die Innenfläche der Hand.

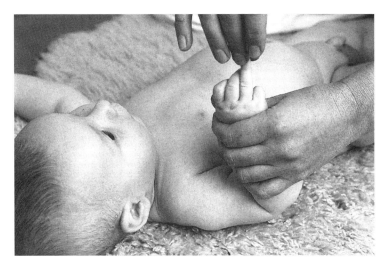

Folgen Sie den einzelnen Fingern von der Handwurzel bis zur Spitze, so als ob Sie Blütenblätter zupfen:

er liebt mich, er liebt mich nicht, er liebt mich ... Machen Sie dasselbe mit dem linken Arm.

Dann schließen Sie mit einhüllendem Streichen (dreimal) die Massage von Kopf und Armen ab.

Brust und Bauch

Streichen Sie im Verlauf der Rippen vom Brustbein zu den Seiten des Brustkorbs. Sie beginnen damit am Hals und gehen jedes Mal eine Rippe tiefer, bis Sie schließlich die letzten Striche von der Spitze des Brustbeins der unteren Rippenkante folgen lassen.

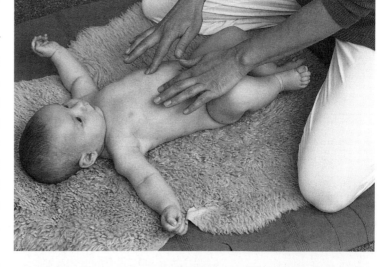

Hier etwa verläuft auch das Zwerchfell.

Und auf dieser Linie kreisen Sie von der Mitte zur Seite.

Auf dem Bauch ziehen Sie einen großen Kreis im Uhrzeigersinn um den Bauchnabel herum

und kreisen dann auch auf dieser Linie.

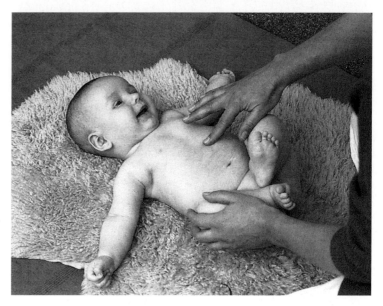

Die „Bikinifalte" finden Sie am Unterbauch des Kindes, etwa da, wo die Oberkante eines gedachten Bikinihöschens verlaufen würde.

Streichen Sie der Falte folgend zunächst dreimal von der Mitte zu beiden Seiten,

dann kreisen Sie mit beiden Zeigefingern von der Mitte aus zu beiden Seiten.

Becken, Beine, Füße

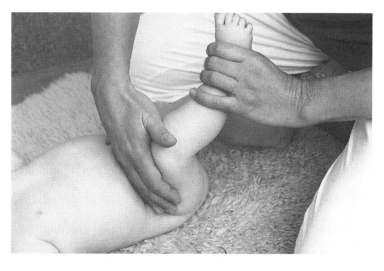

Streichen Sie schmetterlingszart von der Taille abwärts über die Beine bis zu den Füßen und darüber hinaus.

Beginnen Sie mit dem rechten Bein und lockern Sie die Muskulatur vom Oberschenkel hinunter zum Unterschenkel („Wackelpudding"). Halten Sie dabei den Fuß Ihres Kindes in der anderen Hand.

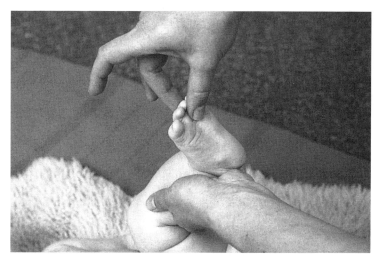

Streichen Sie um das Fußgelenk und die Ferse herum, über die Oberseite des Fußes und die Fußsohle, zupfen Sie leicht an den einzelnen Zehen („Blütenblätter").
Widmen Sie sich dem linken Bein in derselben Art und Weise.

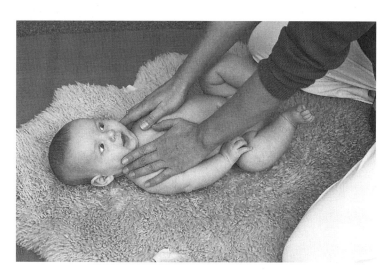

Beenden Sie die Massage der Vorderseite mit einhüllendem Streichen vom Scheitel des Kindes bis zu seinen Füßen und darüber hinaus (schmetterlingszart, dreimal).

Der Rücken

Drehen Sie das Kind auf den Bauch. Der Rücken wird wieder mit langem Streichen vom Kopf bis zu den Füßen begrüßt.

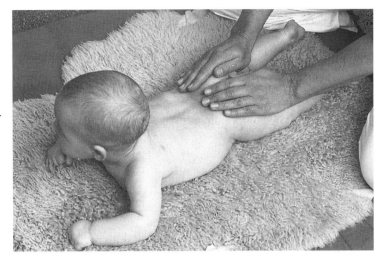

Dann streichen Sie über die Schulterblätter von oben nach unten und von der Mitte nach außen. Lockern Sie die Muskulatur um die Schulterblätter herum.

Streichen Sie den Rippen folgend von der Mitte zur Seite. Beginnen Sie am Nacken und wandern Sie Rippe für Rippe tiefer.

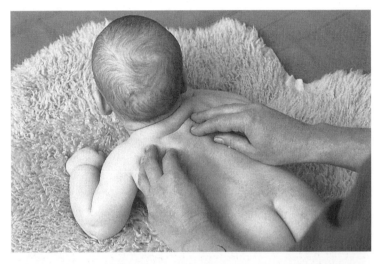

Ertasten Sie die Muskelstränge rechts und links der Wirbelsäule und lockern Sie sie vom Nacken beginnend bis zum Po.

Streichen Sie über den Po sternförmig von der Mitte ausgehend nach außen.

Dann legen Sie beide Hände weich auf beide Po-

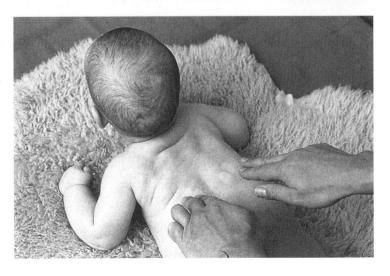

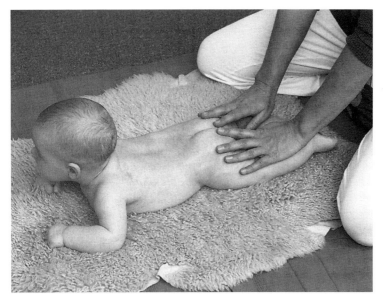

backen und lockern Sie sie ("Wackelpudding"). Streichen Sie noch einmal die Rückseite der Beine und lockern Sie auch dort die Muskeln.

Beenden Sie die Massage, indem Sie dreimal vom Scheitel aus über den ganzen Rücken, den Po, die Beine, die Füße und darüber hinaus mit Schmetterlingshänden einhüllend streichen.

Zum Abschied

Hüllen Sie Ihr Kind mollig ein, nehmen Sie es auf den Arm und schaukeln Sie ein wenig. Vielleicht ist jetzt Zeit für ein Wiegenlied?

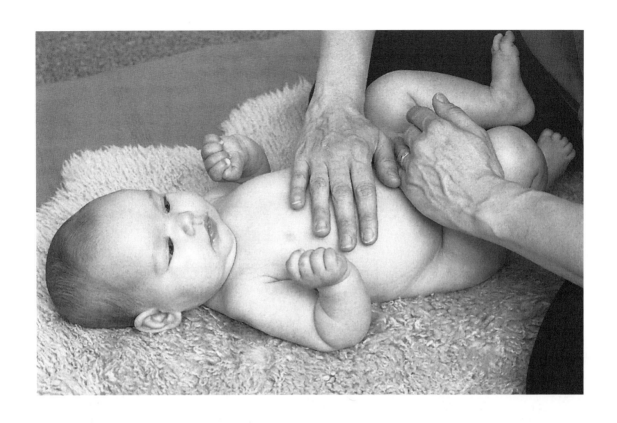

„Berührt, gestreichelt, massiert werden,
das ist Nahrung für das Kind.
Nahrung, die genauso wichtig ist
wie Mineralien, Vitamine und Proteine.
Nahrung, die Liebe ist."

Frédérick Leboyer

Die indische Babymassage

In den siebziger Jahren machten sich engagierte ÄrztInnen, Hebammen und Eltern in verschiedenen Ländern Gedanken darüber, welche Bedürfnisse Kinder haben, wenn sie zur Welt kommen, und wie wir sie hier mit Menschlichkeit und Würde begrüßen können. Sie waren nicht länger bereit, das verzweifelte Weinen der Kinder auf den Babystationen der Krankenhäuser und das der von ihnen getrennt untergebrachten Mütter hinzunehmen. Der französische Arzt und Geburtshelfer Frédérick Leboyer machte deutlich, dass das Baby bei seiner Geburt und schon vorher ein fühlendes, empfindsames Wesen ist. Inzwischen scheint uns diese Ansicht selbstverständlich zu sein, damals war sie neu. Seine Überlegungen zu einer „Geburt ohne Gewalt", die die Empfindungen und die natürlichen Bedürfnisse und Fähigkeiten der Eltern und des Kindes anerkennen und einbeziehen, bilden heute die Grundlage für das Denken und Handeln vieler Hebammen und mancher ÄrztInnen in der Geburtshilfe.

Auf seinen Reisen durch Indien beobachtete er junge Mütter, die mit inniger Zuwendung und vollkommener Ruhe ihre Kinder täglich massierten, und er erfuhr, dass es sich dabei um eine lange Tradition handelt, die von einer Generation an die nächste weiter gegeben wird. Er machte die Idee der Babymassage in Europa populär.

Die indische Babymassage ist handfest und rhythmisch. Die häufig wiederkehrenden Bewegungen, ruhig und gelassen, vermitteln dem Kind Sicherheit. Der feste Druck spricht im Körper des Babys tiefe Muskelschichten an und auch die Rezeptoren für die Eigenwahrnehmung, die zwischen Muskel und Knochen sitzen. Eine indische Massage scheint für das Baby recht anstrengend zu sein. Danach ist es oft sehr hungrig und müde.

Traditionell sitzen die Mütter auf dem Boden, das Kind liegt auf ihren ausgestreckten Beinen. Für uns westliche Menschen ist das oftmals eine Haltung, in der wir uns nur schwer entspannt aufrecht halten können. Wenn es Ihnen leicht fällt, so auf dem Boden oder dem Bett zu sitzen: prima! Wenn nicht, versuchen Sie eine andere Position.

Wiegen Sie sich mit dem eigenen Körper im Rhythmus der Massage mit. Das ist angenehm und entspannend für Sie und für Ihr Baby.

Ab etwa drei Monaten, wenn das Baby schon etwas handfester und in seinen Bewegungen schon freier ist, macht die indische Massage am meisten Spaß. Wenn Sie sehr vorsichtig sind, können Sie auch schon eher damit anfangen. Die Massage schließt mit einigen Yoga-Übungen ab. Orientieren Sie sich dabei immer an der Bewegungsfähigkeit des Kindes. Zwingen Sie es keinesfalls in Streckungen, zu denen es noch nicht bereit ist!

Lesen Sie zunächst die ganze Anleitung. Nach und nach lernen Ihre Hände die Technik der Massage immer besser und lassen sich dann mehr und mehr im Dialog mit dem Kind von Ihrem Herzen leiten. So entsteht zwischen Ihnen und dem Baby ein Zwiegespräch von Hand zu Haut, ein Tanz in Ihrem gemeinsamen, unverwechselbaren Rhythmus.

Nehmen Sie zur Massage eine für Sie angenehme Position ein. Wenn Sie mögen, können Sie etwas Öl in Ihren Händen verreiben.

Nehmen Sie Kontakt mit Ihrem Kind auf und fragen Sie, ob es bereit ist für eine Massage.

Wenden Sie sich mit Ihrer ganzen Aufmerksamkeit Ihrem Baby zu und bleiben Sie während der gesamten Massage im Kontakt mit ihm.

Die Brust

Legen Sie beide Hände nebeneinander auf die Brust des Kindes und streichen Sie mit den ganzen Handflächen zur Seite, so als ob Sie die Seiten eines aufgeschlagenen Buches glätten.

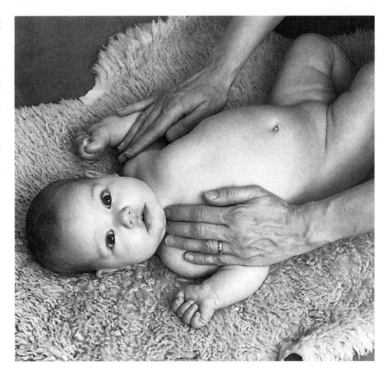

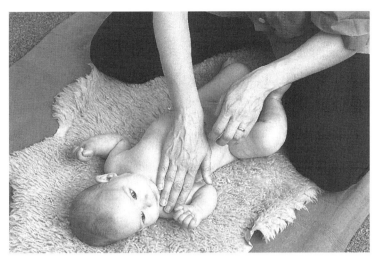

Die Flanken

Von der Hüfte streichen Sie zur gegenüberliegenden Schulter. Wenn die eine Hand an der Schulter angekommen ist, beginnt die andere an der anderen Hüfte des Kindes. Die Hände wechseln sich in einem stetigen Fluss ab.

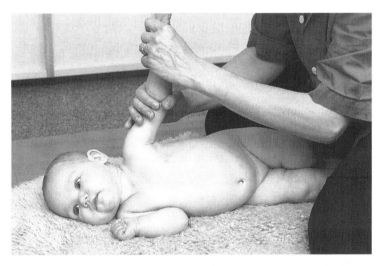

Die Arme und Hände

Legen Sie das Baby auf die Seite. Umfassen Sie den Oberarm und streichen Sie zum Handgelenk. Ist die eine Hand dort angekommen, beginnt die andere an der Schulter, in einem stetigen Fluss. Wenn Sie Ihre Hände in einer ganz natürlichen Stellung halten, fährt eine Hand an der Außenseite und die andere an der Innenseite des Arm entlang.

Formen Sie mit den Fingern beider Hände je einen Ring um den Oberarm des Kindes. Diese beiden Ringe drehen Sie vorsichtig gegeneinander und zurück, dann rutschen beide Hände ein Stück weiter Richtung Handgelenk, drehen sich

wieder gegeneinander usw. bis zur Hand des Kindes. Beginnen Sie wieder an der Schulter und wiederholen Sie das Drehen. (Erinnert es Sie an das „Brennnessel-Spiel" aus Ihrer Kinderzeit? So ähnlich ist es, aber viel zarter.)

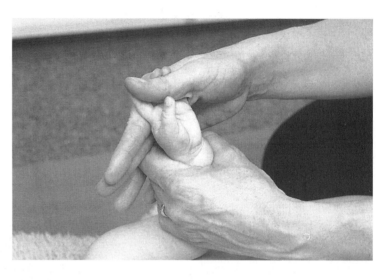

Massieren Sie Handgelenk und Hand sehr sorgfältig. Beschreiben Sie kleine Kreise mit Ihrem Daumen auf dem Handgelenk des Kindes und in seiner Handfläche.
Streichen Sie mit der flachen Hand über den Handrücken des Babys und dann über die Handfläche, von der Handwurzel bis zur Fingerspitze.
Dann drehen Sie das Baby auf die andere Seite und massieren den jetzt oben liegenden Arm ebenso.

Der Bauch

Das Baby liegt wieder auf dem Rücken. Ihre Hand liegt quer über dem Bauch unterhalb der Rippen. Sie streichen in Richtung Becken, dabei dreht sich Ihre Hand so, dass sich die Hand mit der Kleinfingerseite etwas tiefer in den Bauch des Kindes drückt. Die Hände wechseln sich wieder ab, sie folgen stetig

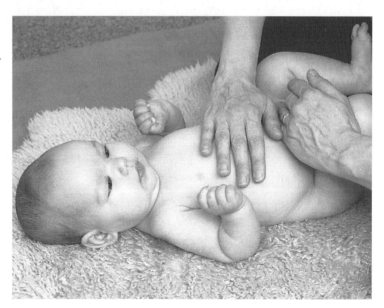

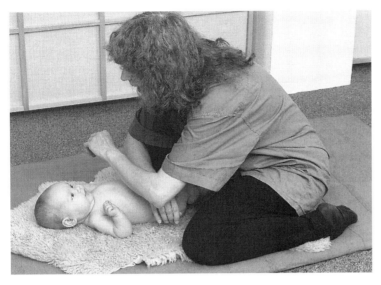

aufeinander wie die Schaufeln eines Wasserrades, ohne Unterlass.

Nehmen Sie beide Beine des Kindes hoch, das entspannt seine Bauchmuskulatur. Wiederholen Sie das Streichen mit Ihrem Unterarm von den Rippen an abwärts. Ihre Arme wechseln sich ab. Der stetige Fluss der Bewegungen setzt sich fort.

Die Beine

Sie werden ebenso wie die Arme massiert, aber das Kind liegt auf dem Rücken. Das Bein umfassen und mit den Händen abwechselnd vom Becken zu den Füßen streichen.

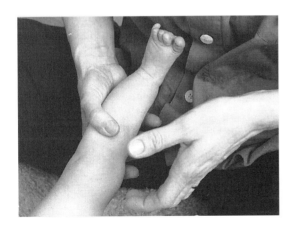

Mit den Händen zwei Ringe formen, die sich gegeneinander drehen.

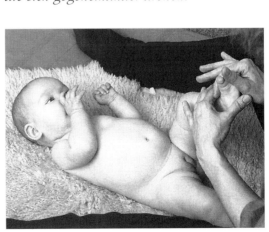

Die Fußknöchel umkreisen und die Füße massieren.

Der Rücken

Legen Sie das Baby quer über Ihre ausgestreckten Beine.

Ihre Hände liegen zu Beginn nebeneinander am oberen Rücken des Kindes. Sie schieben die eine Hand von sich weg, die andere ziehen Sie zu sich heran. Die Hände arbeiten gegeneinander quer über den Rücken und wandern dabei langsam hinunter zum Becken. Einige Male wiederholen.

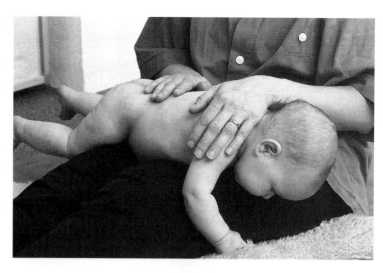

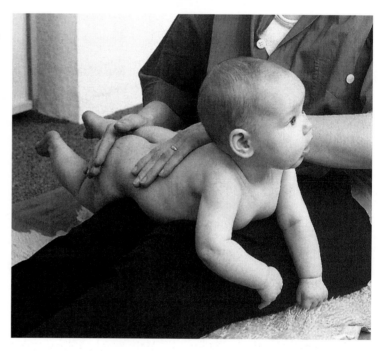

Stützen Sie mit einer Hand den Po des Kindes, streichen Sie mit der anderen einige Male vom Nacken zum Po, kräftig und rhythmisch.

Sie greifen mit einer Hand beide Fußgelenke des Babys und strecken die Beine. Mit der anderen fahren Sie einige Male vom Nacken über den Rücken, den Po, die Beine zu den Füßen, rhythmisch und kräftig.

Das Gesicht

Das Kind liegt wieder auf dem Rücken. Streichen Sie mit den Daumen beider Hände die Stirn von der Mitte zu den Seiten, die Finger liegen dabei seitlich an den Schläfen.

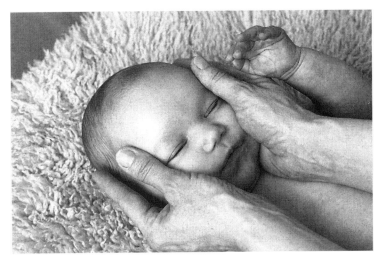

Streichen Sie mit Ihren Daumen die Seiten der Nase zu den Augenbrauen hoch,

von der Nasenwurzel an den Nasenflügeln abwärts, dann unten um den Wangenknochen herum bis zu den Ohrläppchen.

Ziehen Sie die Mundwinkel zart in Richtung auf die Ohren.

Massieren Sie mit kleinen Kreisen die Wangen und kneten Sie das Kinn zwischen Ihren Fingerspitzen.

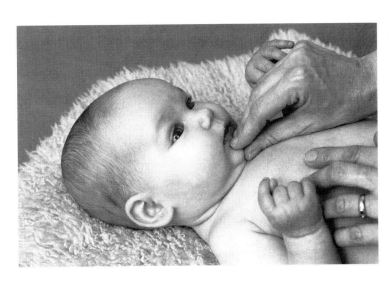

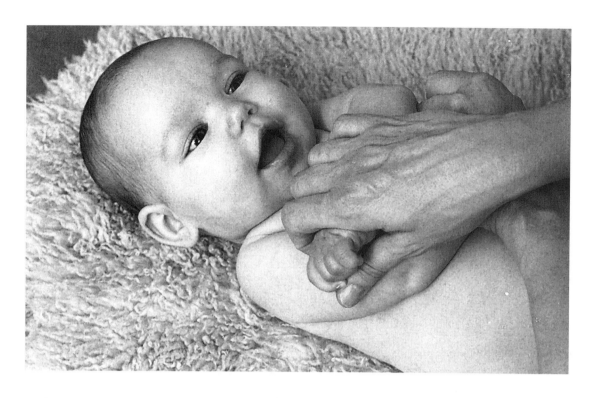

Baby-Yoga

Nehmen Sie die Hände des Kindes, kreuzen Sie beide Arme eng vor seiner Brust, öffnen Sie sie wieder und kreuzen Sie sie anders herum. Einmal ist der linke Arm oben und einmal der rechte.

Ein etwas älteres Baby hat auch schon Spaß daran, die Arme weit zur Seite zu strecken und dann wieder eng vor der Brust zu kreuzen: „So groß kannst du sein und so klein." Wenn es aber zu dieser Öffnung noch nicht bereit ist, lassen Sie es in einer runden, geschlossenen Haltung.

Nehmen Sie das linke Bein und den rechten Arm, kreuzen Sie sie übereinander und öffnen sie wieder. Der Fuß zeigt dabei in Richtung auf die Schulter und die Hand zum Schritt. Einige Male wiederholen. Dann die andere Diagonale.

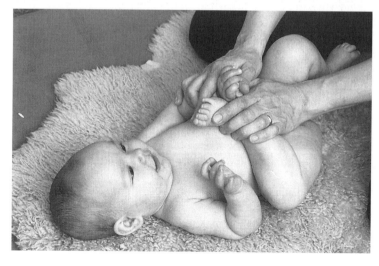

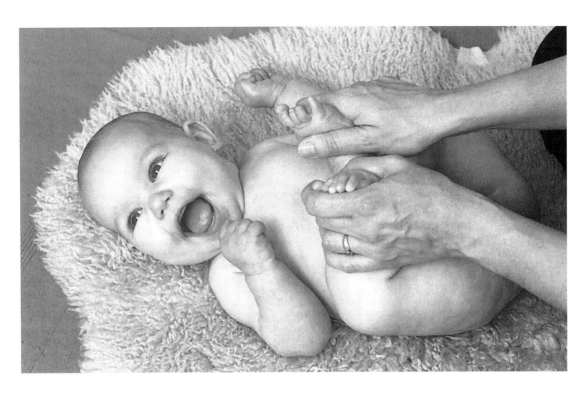

Kreuzen Sie beide Beine über dem Unterbauch wie zum Schneidersitz. Schieben Sie die Knie Richtung Brust. Öffnen Sie diese enge Haltung und kreuzen Sie die Beine anders herum. Wenn Ihr Baby schon bereit ist dazu, können Sie sanft die Beine parallel nach unten strecken und dann erneut kreuzen. Je jünger ein Baby ist, umso mehr hält es sich noch in einer gebeugten Haltung wie im Mutterleib. Es entfaltet sich erst langsam. Die natürlichen Bewegungsgrenzen des Kindes werden beim Yoga nie überschritten!

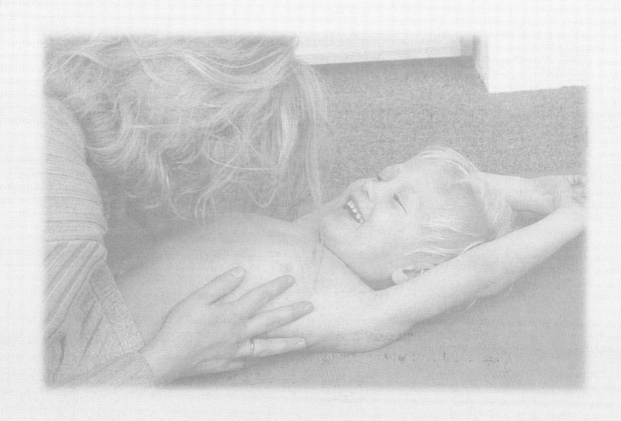

Engelsflügel, Meeresbauch,
Autowaschanlage auch,
Katzenpfoten, Mäusetrappeln,
alle Finger wollen zappeln.

Komm, erzähle mir Geschichten,
lass uns spielen, lass uns dichten.
Ich will toben, ich will lachen,
tolle Späße mit dir machen.

M. K.

Kapitel 3
Geschichten und Spiele auf der Haut

Mit Hand und Fuß: Spiele für kleine Leute

Wenn Ihr Baby krabbeln und laufen lernt, will es voller Begeisterung seine neuerworbenen Fähigkeiten zur Fortbewegung anwenden. Es scheint manchmal so, als ob es in eine Art Bewegungsrausch gerät. Dabei stößt es häufig an seine eigenen Grenzen und bringt seine Eltern und Geschwister an den Rand ihrer Geduld.

Für eine ruhige Massage hat so ein kleiner Wirbelwind jetzt nur noch selten Zeit, allenfalls kurz vor dem Schlafen gehen. Wenn aber Hände oder Finger der „Großen" auf dem Körper des Kindes spazieren gehen, hüpfen, tanzen oder rutschen, wenn das so schön kribbelt und krabbelt und dazu noch eine Geschichte erzählt wird, ist das spannend genug, um für eine Weile still zu sitzen.

Gleichzeitig wächst das Interesse an der Sprache. War es bisher der Klang der Stimme, dem das Baby mit Freude lauschte, so werden es mehr und mehr einzelne Wörter und Sätze, die sein Interesse wecken.

Babys und kleine Kinder lieben den Rhythmus von Reimen, besonders wenn sie mit Berührungen verbunden sind. Fingerspiele haben bei uns eine lange Tradition und viele Familien erfinden neue dazu. Dabei ist es für Erwachsene oft unbegreiflich, wie viele Wiederholungen desselben Verses immer wieder aufs Neue mit Freudenjuchzern begrüßt werden. Wenn das Kind dann selbst sprechen kann, ist „Nochmal!" die immer wiederkehrende Antwort auf einen beliebten Vers.

Diese Art von Spiel mit dem eigenen Körper, im Kontakt mit einem anderen Menschen, von Sprache begleitet, ist eine anregende Sinneserfahrung. Bewegung, Rhythmus und Sprache fördern die geistige, seelische und körperliche Entwicklung gleichermaßen. Das Kind lernt sich und seinen Körper besser kennen, entwickelt sprachliche und kommunikative Fähigkeiten. Die vielen Wiederholungen geben ein Gefühl von Verlässlichkeit und schaffen Sicherheit.

Auch Omas, Opas, Onkel, Tanten und Babysitter finden mit solchen Spielen leicht Zugang zu einem kleinen Kind. Erst in neuerer Zeit wurde der Wert von Fingerspielen für die Entwicklung von Kindern wieder entdeckt.

Es gibt eine Fülle traditioneller Verse, die dem Umfeld eines Kindes heute kaum noch entsprechen. Trotzdem sind sie bei allen Generationen beliebt, nicht zuletzt deshalb, weil sich eigene Kindheitserinnerungen damit verknüpfen. Darüber hinaus gibt es neuere Verse mit vielen Spielanregungen.

Oder wie wäre es, wenn Sie selber reimen? Es ist gar nicht so schwer! Lassen Sie sich doch von den folgenden Versen anregen (die, soweit nicht anders vermerkt, von der Autorin stammen).

Das Aufwachspiel
(Variation eines überlieferten Verses)
Zu spielen mit zwei kleinen Beinen, zwei Erwachsenenhänden und viel Vergnügen.

Guten Morgen, ihr Beinchen, Wie heißt ihr denn?	*Beide Beine entlang streichen, vom Becken aus zu den Füßen*
Ich heiße Hampel und ich heiße Strampel.	*Die Beine nacheinander hochheben*
Das ist das Füßchen Frohgemut, das ist das Füßchen Gehtmirgut.	*Die Füße gegeneinander reiben*
Frohgemut und Gehtmirgut gehen auf die Reise.	*Mit den Füßen Gehbewegungen machen*
Platschen durch die Sümpfe ohne Schuh und Strümpfe.	*Langsame Gehbewegungen, schmatzende Geräusche dazu*
Guckt die Mama um die Eck,	*Um die Ecke gucken*
laufen alle beide weg.	*Schnelle Gehbewegung um die Kurve*

Wiese, Riese, Maus

Dies ist 'ne Wiese,	*Die Hand des Kindes in die linke Hand nehmen, mit der flachen rechten Hand über die Handfläche des Kindes streichen*
da liegt ein Riese,	*ebenso*
er streckt die Hand aus,	*ebenso*
darein läuft 'ne freche Maus,	*Mit den Fingern laufen*
sie kuschelt sich ganz klein hinein.	*Finger zusammenrollen, jetzt hält die große Hand die kleine Hand und in der kleinen Hand liegt die andere große eingerollt*
Wir sind Freunde, das ist fein.	*Die Hand des Kindes im Handgelenk hin und her drehen*

Hier haste 'nen Taler
(überliefert)

Hier haste 'nen Taler, geh' zum Markt. Kauf' dir 'ne Kuh, ein Kälbchen dazu, das Kälbchen hat ein Schwänzchen, kille, kille, dänzchen.	*Eine Hand des Kindes in die eigene Hand nehmen, mit der anderen flachen Hand über die Handfläche des Kindes streichen vom Handgelenk bis zu den Fingerspitzen. Bei der letzten Zeile das Kind in der Handfläche kitzeln.*

Rutschbahn

Es steigt ein Kind die Rutschbahn rauf — *Mit den Fingern den Arm des Kindes bis zur Schulter hinauf spazieren*

bis ganz oben drauf. — *Auf den Kopf steigen*

Da stellt es sich hin — *Finger stehen auf dem Kopf*

und guckt sich um. — *Drehen sich auf der Stelle*

Es setzt sich auf sein'n Po, — *Die flache Hand auf den Kopf legen*

rutscht runter, johoho. — *Mit der flachen Hand über das Gesicht und den Körper des Kindes mit einem kleinen Juchzer nach unten gleiten*

Es geht ein Mann die Trepp' hinauf
(überliefert)

Es geht ein Mann die Trepp' hinauf.	*Den Arm des Kindes mit den Fingern hinaufwandern*
Klopft an	*An die Stirn klopfen*
bimmelbam	*Am Ohrläppchen ziehen*
Guten Tag, Madam.	*Auf die Nase stupsen*

(Wiederholungen: statt „ein Mann": eine Frau, ein Kind, ein Hund – der sagt natürlich wau, wau)
Zu diesem Spiel gibt es unzählige Abwandlungen. Sehr gebräuchlich ist auch folgende Variante: Nach dem „Klingeln" ans Näschen fassen und dazu sagen: „Guten Tag, Herr (oder Frau) Hampelmann".

Bär oder Maus
(Variation eines überlieferten Verses)
Auf dem Rücken oder dem Bauch des Kindes zu spielen.

Ei, wer kommt denn da daher? Ist es wohl ein großer Bär? Ist es gar ein Elefant aus dem fernen Indienland?	*Mit der Hand über den Körper des Kindes tapsen*
Nein, es ist ein kleines Mäuschen, das besucht sein'n Bruder Kläuschen.	*Mit den Fingern trippeln*
Sie tanzen einen wilden Tanz, der eine fängt des andern Schwanz.	*Die Fingerspitzen Ihrer beiden Hände machen auf dem Kind schnelle „Tanzschritte". Zum Schluss fängt die eine Hand den kleinen Finger der anderen.*

Das Krokodil am Nil

Der geht nach Afrika,
der steht ganz traurig da,
der würd' gern mit ihm gehn,
der ruft „Auf Wiedersehn!"
Der sagt: „Pass auf, am Nil,
da wohnt ein großes Krokodil.

Mit der rechten Hand die Hand des Kindes senkrecht halten. Am Daumen beginnend die einzelnen Finger des Kindes antippen oder leicht schütteln. Das „Krokodil", gespielt von der linken Erwachsenenhand, „frisst" die Kinderhand.

Geschichten auf der Haut

Kinder mögen „Geschichten auf der Haut", die eine kleine Handlung, z. B. „Pizza backen", erzählen und mit den entsprechenden Berührungen begleitet werden. Damit sprechen Sie die Sinne gleichzeitig auf vielfache Art an: Das Kind spürt und hört, vor seinem inneren Auge entstehen angenehme Bilder. Lassen Sie Ihre Fantasie und die Ihres Kindes gemeinsam spielen, es werden Ihnen bald weitere Geschichten einfallen. Dabei können Sie aktuelle Ereignisse aus dem Leben des Kindes einfließen lassen (z. B. beim „Flügelputzen" oder bei der „Allwettermassage") und ihm damit helfen, die Erlebnisse des Tages zu verarbeiten.

Bei anderen Massagen hilft das Einsetzen eines Bildes dem Kind, sich noch besser auf das Spüren einzulassen (z. B. „Katzenpfoten", „Ein Schiff geht auf die Reise"). Seine Phantasie ist dann während der Massage damit beschäftigt, die Empfindung in inneren Bildern zu verarbeiten und damit noch intensiver wahrzunehmen.

Wenn Sie mit Ihrem Kind zusammen einleitend Art und Intensität der Massage entwickeln (z. B. „Autowaschanlage", „Haarewaschen"), fördert das seine Fähigkeit, seine eigenen Bedürfnisse zu erkennen und auszudrücken. Die kurzen Gespräche vorweg bereiten das Kind auf die Massage vor, geben ihm Gelegenheit zuzustimmen, gleichsam einen Auftrag zu erteilen. So kann es seine körperliche Autonomie wahrnehmen und zeigen.

Ab dem Kindergartenalter sind diese Massagen auch schön von Kindern mit Kindern zu machen, in ruhigen Minuten oder als Teil des Bewegungsunterrichts.

Im Schulalter eignen sich kleine Massageeinheiten als Einstieg in eine Unterrichtsstunde, in müden Phasen oder im Sportunterricht. Dabei kann das massierte Kind rittlings auf einem Stuhl oder auf dem Boden sitzen, das andere steht oder kniet dahinter. Die Kinder bleiben dabei bekleidet, sie ziehen nur die ganz dicken Pullover aus.

Die Allwettermassage

Diese Massage eignet sich gut für Kinder ab drei bis vier Jahren. Sie wird begleitet von einer Beschreibung der jeweiligen „Wetterlage". Die Stimme passt sich dabei der „Dramatik" des Wetters an.

Das massierte Kind legt sich auf den Bauch. Die massierende Person (ein Kind oder ein Erwachsener) sitzt möglichst bequem daneben. Zunächst reibt sie ihre Hände, als ob sie sie waschen wollte und schüttelt sie ein wenig aus.

„Dies ist eine große Wiese."
(Schön ist es auch, das Kind an eine gemeinsam erlebte Landschaft zu erinnern, an einen Strand, eine Wiese, eine Waldlichtung, den vertrauten Spielplatz.)
Die flachen Hände streichen den Rücken glatt.

„Der Himmel ist klar."
Die Hände streichen über den Rücken vom Nacken bis ganz hinunter zum Becken.

„Die Sonne scheint.
Ihre wärmenden Strahlen breiten sich über der ganzen Wiese aus."
Die Strahlen werden sternförmig mit den gespreizten Fingern beider Hände von der Taille aus zu allen Seiten mit deutlichen Strichen gemalt.

„Dicke Wolken ziehen auf."
Die flachen Hände streichen in großen, unregelmäßigen Kreisen, wolkig eben, über den ganzen Rücken. Schultern und Becken werden immer mit einbezogen.

„Ein warmer Sommerregen fällt mit dicken, weichen Tropfen."
Die Finger beider Hände fallen weich auf den Rücken, dabei sind die eigenen Handgelenke und die Schultern locker.

„Grelle Blitze zucken über den Himmel, es ist ein richtiges Unwetter!"
Der Zeigefinger malt vom Nacken bis hinunter zum Becken ganz rasch Blitze, zwischendurch regnet es wieder, auch die Wolken ziehen noch einmal über den Rücken.

„Der Regen wird sanfter, bis schließlich nur noch einzelne Tropfen fallen."

„Wallender Nebel steigt auf."
Beide Hände streichen langsam und zart in großen Kreisen und beziehen dabei die ganze Fläche des Rückens mit ein.

„Einzelne Sonnenstrahlen lassen sich sehen, ..."
Mit einzelnen Fingern wieder von der Taille aus nach oben, unten und zu den Seiten Strahlen malen

„... bis schließlich die Sonne wieder hell strahlt, ..."
Strahlen mit allen Fingern beider Hände malen

„...und der Himmel wieder ganz klar ist."
Einige Male vom Nacken abwärts streichen

Haare waschen

Das Kind sitzt im Schneidersitz, eventuell mit einem Kissen unter dem Po oder es sitzt rittlings aufgerichtet auf einem Stuhl.
Den Anfang kann ein kleiner Dialog bilden, um das Kind auf das Thema einzustimmen.

Begrüßung im Frisiersalon
„Guten Tag, gnädige Frau, Sie sehen wieder wunderbar aus heute, was kann ich für Sie tun?"

„Die Haare möchten Sie gewaschen haben, ja gerne, föhnen auch? Mit einer kleinen Kopfhautmassage?

Oder etwas schlichter:
„Soll ich dir mal wieder die Haare waschen? Auch eine Haarspitzenmassage dazu?"

Wenn das Kind seine Zustimmung gegeben hat und der "Auftrag" erteilt ist, kann es los gehen.

„Erst einmal die Haare nass machen. Ist das Wasser schön warm?"

Mit weichen Fingerspitzen und lockeren Händen vom Scheitel über den Nacken und die Schultern bis hinunter zu den Schulterblättern streichen.

„Jetzt das Shampoo. Vor dir siehst du ein Regal. Viele Flaschen stehen darin, jede in einer anderen Farbe. Du darfst dir eine aussuchen, welche Farbe möchtest du?"
Die Flasche mit der genannten Farbe wird symbolisch aus dem Regal genommen und geöffnet.

„Ah, was für eine schöne Farbe!"
Das Shampoo läuft in einem dünnen Strahl auf den Kopf.
Die gespreizten Finger streichen vom Scheitel abwärts über die Haare.

„Jetzt gibt es Schaum! Dicken, (roten, grünen) Schaum!"
Das Shampoo wird gründlich in die Kopfhaut einmassiert.
Auch die Haare im Nacken werden gewaschen.

„Ist es gut so? Ein wenig mehr noch? Gerne! Die Haarspitzen auch? Fertig, abspülen!
Da ist die Brause, warmes Wasser fließt über den Kopf, es fließt den Nacken und den Rücken hinunter, ganz warm und farbig."

Beide Hände streichen einige Male leicht mit gespreizten Fingern vom Scheitel über den Kopf, den Nacken, die Schultern und den ganzen Rücken bis hinunter über das Becken und dann auch noch zum Oberschenkel hin.

„So, die Farbe ist abgespült, ich trockne dich jetzt ab mit einem kuscheligen Handtuch."
Mit der flachen Hand rubbelnde Bewegungen machen.

„Und nun der Föhn."
Entweder kräftig pusten oder mit den Haaren wedeln und dabei das Geräusch nachmachen.

Mit einem kleinen Rollenspiel (frisieren, im Spiegel anschauen lassen, bezahlen, verabschieden) kann die Massage beendet werden.

Flügel putzen

Das Kind sitzt rittlings auf einem Stuhl oder im Schneidersitz am Boden, der Erwachsene steht oder kniet dahinter. Die Geschichte wird begleitend zur Massage erzählt.

„Stell dir vor, du bist ein Engel. Der hat einen langen Flug hinter sich und er hat viel erlebt."
Hier können Sie gut aktuelle Tageserlebnisse Ihres Kindes beschreiben, z. B.:
Der Engel ist heute über den Kindergarten geflogen und hat einen Streit geschlichtet, oder er hat das Kind davor bewahrt hinzufallen, oder er hat sich gefreut, weil er gesehen hat, dass das Kind soviel Spaß mit seinen Freunden hatte, etc.

„Jetzt sitzt der Engel etwas müde auf seiner Wolke. Seine Flügel sind nach diesem langen Tag ganz zerzaust.
Er reckt und streckt sie erstmal gründlich zu beiden Seiten aus. Räkelt sich in den Schultern.
Das Kind führt diese Bewegungen aus.

„Ein großer Engel kommt und beginnt, ihm die Flügel zu putzen.
Er legt ihm beide Hände auf die Schultern ruhig und fest. Unserem Engel wird ganz warm dabei."
Der Erwachsene massiert entsprechend der Geschichte:

„Nach einer Weile beginnt der große Engel mit seinen Händen kleine Bewegungen zu machen, hin und her, wie ein zartes Rütteln ist das.
Es ist so, als wollte er die Schultern einladen, weich und locker zu werden. Die Hände des großen Engels wandern über die Schultern, rütteln dabei weiter, wandern auf die Oberarme und auf die Schulterblätter.
Hier ist es besonders angenehm, dieses leichte Rütteln zu spüren, und unser kleiner Engel kann sich richtig entspannen dabei."

„Um die Schulterblätter herum mögen Engelflügel besonders gern geputzt werden."
Mit je zwei Fingern kleine kreisende Bewegungen auf der Stelle machen und dann an der Kante der Schulterblätter entlang wiederholen.

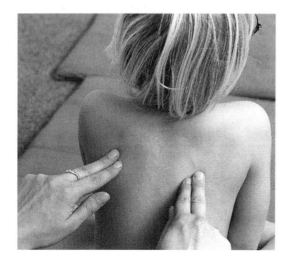

„Der große Engel streicht die einzelnen Federn glatt."
Einige Male mit den gespreizten Fingern von den Schulterblättern aus über die Schultern und die Arme nach unten streichen.

„Wenn die Flügel wieder ganz glatt und glänzend aussehen, räkelt sich der kleine Engel wohlig. Er schaut sich rechts und links über die Schultern und betrachtet seine Flügel. Schön sind sie!"

Autowaschanlage

Viele Kinder sind schon einmal mit den Eltern im Auto durch eine Waschanlage gefahren. Faszinierend und aufregend ist das: Große Bürsten drehen sich, es gibt verschiedene Waschgänge, das Auto wird von einer geheimnisvollen Kraft vorwärts geschoben, das Wasser prasselt auf den Lack und ein Riesenföhn pustet das Auto wieder trocken. Ein echtes Abenteuer der modernen Welt!

Das Kind liegt zunächst auf dem Rücken, der Erwachsene kniet daneben.

„Welches Auto möchtest du heute sein?"
Einige Autos, die dem Kind bekannt sind, zur Auswahl anbieten, und ein paar ungewöhnliche hinzufügen, z. B.:

„Bist du ein Passat oder ein Mercedes, ein ganz kleines Auto oder ein großes, ein Rennwagen oder ein Oldtimer, ein Zirkuswagen oder vielleicht ein Traktor?

Bist du heute besonders dreckig oder nur ein bisschen?

Möchtest du doll gewaschen werden oder ganz vorsichtig?

Welches Waschprogramm möchtest du heute?
Einfach nur waschen und trocknen oder
zweimal waschen, tocknen und polieren?
Mit viel Schaum oder wenig?
Die Räder auch?
Unterbodenschutz?"
Dieses Gespräch wird je nach dem technischen Verständnis des Kindes gestaltet.

„Das kostet 10,– DM."
Das Kind drückt dem Erwachsenen das Geld symbolisch in die Hand.

„Jetzt geht es los! Sind alle Fenster zu?"
Die Anlage wird angestellt. Es macht natürlich besondere Freude, wenn passende Geräusche gemacht werden: brummen heulen, zischen etc.

„Zuerst wird das ganze Auto abgesprüht."
Über den ganzen Körper des Kindes vom Kopf bis zu den Füßen kräftig streichen.

„Dann kommt der Schaum."
Viel oder wenig, wie bestellt. Kreisende Bewegungen, leichte Berührung.

„Jetzt die kleinen Bürsten, ..."
Mit den Händen umeinander kreisende Bewegungen machen, vom Kopf bis zu den Füßen, etwas fester als vorher.

„... nun die großen Bürsten."
Mit den Unterarmen walzende Bewegungen machen.

„Schon ziemlich sauber. So, jetzt wird das Auto getrocknet."
Die Hände huschen mit leichter Berührung über das Kind.

„Scheinwerfer putzen."
Kreisende Bewegungen auf dem Gesicht.

„Polieren."
Wenn es gewünscht war. Kleine kreisende Bewegungen auf Kopf, Brust, Bauch, Becken, Armen und Beinen, etwas festerer Druck.

„Unterbodenschutz."
Das Kind legt sich auf den Bauch, der Rücken wird massiert, in kleinen Kreisen vom Kopf an abwärts bis zu den Füßen mit so viel Druck, wie es dem Kind angenehm zu sein scheint.

„Zum Schluss noch die Räder."
Hände und Füße streichend massieren.

„Jetzt glänzt das Auto richtig. Es sieht aus wie neu!

Gute Fahrt!"

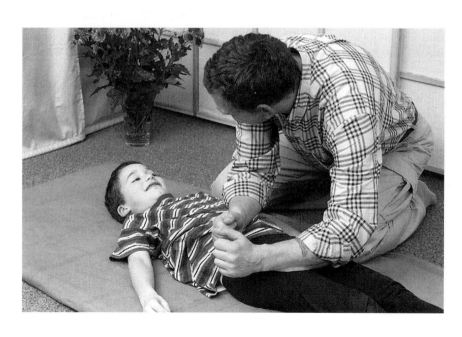

Ein Paket verschicken

„Ich will der Mama, (der Oma, der Tante, Freunden) mal wieder ein Paket schicken, dann freuen sie sich.
Ah, da ist ja schon eine Schachtel, die mache ich erst mal auf."
Das Kind wird auf den Rücken gelegt, Arme und Beine sind weit zu den Seiten ausgestreckt.

„Hm, was packe ich denn alles hinein? Etwas zum Naschen, etwas zum Knabbern, einen lieben Brief, ein Kuscheltier ..."
... und was Ihnen sonst noch einfällt, möglichst Dinge aus dem Erfahrungsbereich des Kindes. Jeder benannte Gegenstand wird begleitet von einer Berührung auf dem Bauch des Kindes, groß oder klein, zart oder kräftiger, je nach seiner Art.

„So, das Paket ist voll, jetzt kann ich es zumachen."
Die Beine des Kindes anwinkeln, Knie an die Brust drücken, seine Arme darum herum legen.

„Gut zuschnüren mit einem kräftigen Band."
Einen „Faden" einmal längs und einmal quer über das Kind zeichnen, symbolisch zubinden, Arme und Beinen noch etwas enger an den Körper drücken.

„Mit welchem Stift schreibe ich denn jetzt die Adresse?
Ja, ich nehme den Wachsstift, der ist schön dick und weich."
Oder ich nehme einen Pinsel und male die Adresse, oder ich nehme meinen Kugelschreiber, mit dem schreibe ich so gerne. Das Kind zur Seite rollen, auf dem Rücken das Anschriftenfeld glatt streichen und Namen, Straße und Stadt schreiben und dabei benennen.
Die Qualität der Berührung richtet sich nach dem gewählten Schreibinstrument.

„Jetzt noch die Briefmarke."
Ein Viereck malen, ein kleines Bild hinein, Zacken an den Rändern, anlecken und aufkleben.

„Herr Postbeamter, machen Sie mir hier bitte einen dicken Stempel drauf!"
Einen kräftigen Druck oder Klaps auf den Po des Kindes geben.

„Ab geht's."
Wenn das Kind noch kleiner ist, lässt es sich gern so verschnürt zur Mutter bzw. zum Vater tragen

„Post für Sie, ein dickes, schweres Paket."

„Oh, vielen Dank, von wem kommt es denn?
Das packe ich sofort aus, ich bin ganz neugierig, was da drin ist."
Die Verschnürung wird geöffnet, das Kind auseinandergefaltet, betrachtet und bewundert.

Hotdog

Waren Sie mit Ihrem Kind schon einmal in Dänemark? Dann können Sie sich gemeinsam daran erinnern, dass Sie vielleicht dort oder anderswo schon einmal Hotdogs gegessen haben. Wenn nicht, dann erzählen Sie Ihrem Kind, dass es in einem Land, gar nicht weit von uns, ein Gericht gibt, das „Heißer Hund" heißt und eigentlich eine Wurst mit Brötchen ist.
Wenn Ihr Kind Appetit bekommt, den heißen Hund einmal kennen zu lernen, dann legt es sich auf die Seite, auf eine Hälfte einer ausgebreiteten Decke. Sie sitzen oder knien daneben.

„So, hier ist erstmal das Würstchen."
Vom Kopf bis zu den Füßen einige Male streichen, als würden Sie ein langes, schmales Würstchen formen.

„Als nächstes den Senf."
Eine Schlangenlinie vom Kopf bis zu den Füßen ziehen.

„Ketchup?"

„Noch mehr?"
Bei der Begeisterung vieler Kinder für Ketchup darf es davon auch gern mehr sein. Einen dickeren Streifen ziehen oder mehrmals wiederholen.

„Ein paar Gurkenscheiben."
Kleine Kreise auf den Körper malen.

„Möchtest du Tomaten?"
Pro Tomatenscheibe einen kleinen Patscher mit der Hand machen.

„Jetzt die Röstzwiebeln."
Krümelnde Bewegungen mit den Fingern, gut verteilt von Kopf bis Fuß.

„Zum Schluss das Brötchen zuklappen."
Die andere Hälfte der Decke über das Kind klappen, so dass nur noch das Gesicht herausschaut.

„Hmm, lecker!"
Spielerisch an mehreren Stellen hineinbeißen.

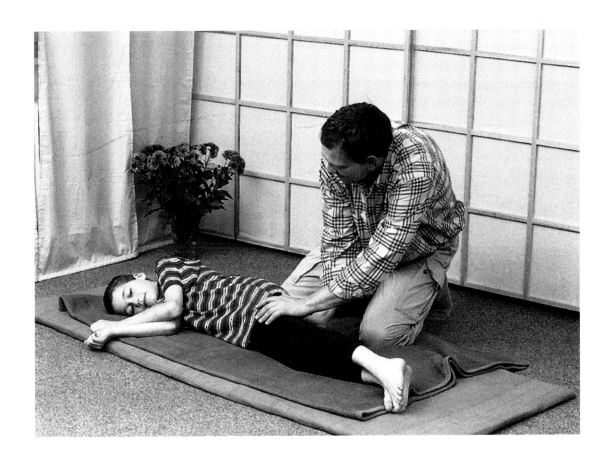

Ein Schiff geht auf die Reise

Das Kind liegt auf dem Rücken, die Arme entspannt zur Seite nach unten gestreckt.

„Das Schiff ruht im Hafen."
Ihre Hand liegt unter dem Schulterblatt des Kindes.

„Leichte Wellen schaukeln es."
Wiegebewegungen mit der Hand machen, das Schulterblatt mitbewegen.

„Es geht auf eine Reise. Erstmal nur ein kleiner Ausflug."
Den Arm entlang mit der flachen, weichen Hand in Richtung der Hand des Kindes fahren und wieder zu seiner Schulter zurückkehren.

„Schließlich fährt es auf den großen Ozean."
Die flache Hand fährt über die Schulter und die Brust des Kindes zu seinem Bauch, bleibt dort liegen und lässt sich von den Atemwellen auf- und abschaukeln.

„Dort sind die Wellen lang und groß wie dein Atem."

„Das Schiff setzt seine Reise fort in die weite Welt."
Mit der Hand über das Becken des Kindes bis hinunter zu seinem Fuß fahren.

(So ein Segelschiff kann natürlich auch in Abenteuer geraten: in einen Sturm mit hohen Wellen, in schwieriges Fahrwasser mit Klippen und Felsen – z. B. im Gesicht –, aber es kehrt zum Glück immer wieder in seinen Hafen zurück.)

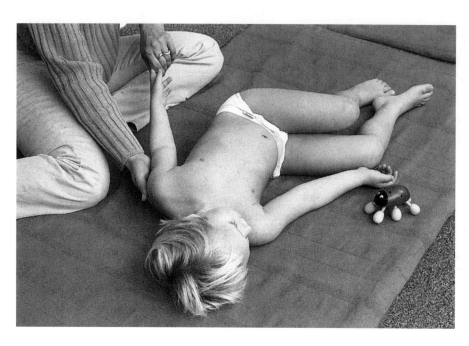

Eine Pizza backen

Das Kind liegt auf dem Bauch.

„Zunächst wird das Backbrett vorbereitet."
Mit dem Unterarm oder beiden flachen Händen glättend über den Rücken, auch die Schultern und das Becken des Kindes walzen.

„Wir nehmen ein Pfund Mehl."
Leichte Kreise mit der flachen Hand auf dem Rücken beschreiben.

„Auf das Mehl ein wenig Salz streuen und die Hefe."
Leichte Berührungen mit den Fingerspitzen.

„Vorsichtig verrühren."
Mit der Fingerspitze zarte Kreise malen.

„Und jetzt das Ei."
Eine fließende Bewegung von der Mitte zur Seite machen wie ein auslaufendes Ei.

„Eine Spur Öl darauf."
Eine Schlangenlinie ziehen.

„Der Teig wird geknetet."
Von allen Seiten zur Mitte hin die „Backzutaten" zusammenschieben und dann kräftig den Rücken des Kindes durchkneten wieder über die ganze Fläche, von der Schulter bis zum Becken hinunter, einschließlich des Pos.

„Der Teig wird ausgerollt."
Mit den Unterarmen eine walzende Bewegung wie das Ausrollen eines Teiges machen.

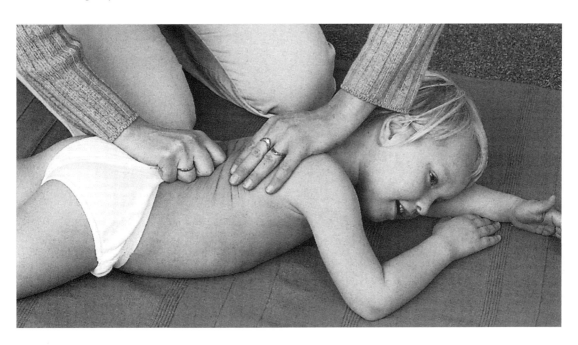

„Und nun der Belag. Zunächst einige Kleckse Tomatensoße."
Eine verstreichende kleine Bewegung über den Rücken machen.

„Dann einige Scheiben Salami."
Kleine Patscher mit der flachen Hand über den Rücken verteilen.

„Vielleicht einige Oliven oder Sardellen oder ..."
Das Kind kann seine Lieblingspizza selbst zusammenstellen. Die entsprechenden Berührungen werden auf dem Rücken gemalt.

„Darüber kommt ein wenig geriebener Käse."
Eine zupfende Berührung.

„Oregano."
Ganz, ganz zarte Berührungen.

„Eine Spur Öl."
Mit der Fingerspitze einige Linien über den Rücken malen.

„Jetzt ist die Pizza fertig und kommt in den Ofen."
Mit beiden Händen vom Po des Kindes in Richtung auf den Kopf kleine Schubser.

„Im Backofen wird die Pizza ganz heiß und knusprig gebacken."

„Hmm, schon fertig, das riecht lecker! Ich ziehe sie raus."
Am Becken des Kindes ein wenig ziehen.

„Jetzt wird die Pizza in Stücke geschnitten."
Mit der Handkante kreuz und quer Linien auf den Rücken zeichnen oder die „Pizza" wie eine Torte in Stücke teilen.

„Guten Appetit!"

Die Katzenpfotenmassage

Die Bewegung dieser Massage ist ein wenig ungewöhnlich, Sie probieren sie besser einmal vorher an Ihrem eigenen Oberschenkel aus.

Setzen Sie das Handgelenk der rechten Hand auf und rollen Sie die Hand zu den Fingerspitzen hin ab. In dem Moment, wo Sie an den Fingerspitzen angelangt sind, beginnt die andere Hand mit derselben Bewegung. Die Hände wechseln sich ganz fließend ab, Ihre Schultern bleiben weich und für das Kind entsteht der Eindruck einer großen Katze, die mit weichen Pfoten über den ganzen Rücken, auch über den Nacken, den Kopf und das Becken wandert.

Das Kind liegt gemütlich auf dem Bauch oder sitzt auf einem Stuhl und legt den Kopf auf den Tisch. Die massierende Person steht oder kniet daneben. Die Gestaltung des Textes hängt vom Alter des Kindes ab. Für die Kleineren begibt sich eine dicke Katze oder gar ein Tiger mit großen Pfoten auf einen Spaziergang. Ältere werden die Massage auch ohne Worte genießen.

Übrigens: Mit diese Massage machen Sie sich bei Personen jeden Alters sehr beliebt, z. B. bei der Kollegin, die müde vor ihrem Schreibtisch sitzt oder bei Ihrem großen Sohn, der über seinen Schulaufgaben brütet.

Krabbelkäfer, Igelkinder, goldene Kugeln

Die unterschiedliche Berührungsqualität verschiedener Gegenstände auf der Haut zu erfahren macht viel Spaß.

Eine Kugel, eine Apfelsine, ein Tennis- oder Igelball, die in kleinen Kreisen über den Rücken, die Arme, die Beine laufen, können großes Behagen verbreiten. Lassen Sie sich von den Gegenständen zu kleinen Geschichten inspirieren: runde Gegenstände werden zu kleinen Sonnen, die golden und warm über den Rücken rollen, oder sie sind Kugelgeister auf dem Weg zu einem großen Kugelgeistertreffen. Igelkinder purzeln herum, auch die Beine hinunter und die Arme entlang, ein ganz keckes landet sogar auf dem Kopf des Kindes.

Auf der nackten Haut fühlen sich Federn, Schwämme, die runden Rücken von Löffeln, Bürsten, Kämme oder ein Wollknäuel besonders interessant an und sicher fallen Ihnen noch andere Dinge dazu ein. Lassen Sie das Kind raten, womit Sie es berühren, und dann sind Sie dran mit Raten ...

Es gibt inzwischen eine ganze Reihe kleiner Holzgeräte, die für eine kleine Massage gut geeignet sind. Felix und Sarah wissen sofort, was sie damit machen können: Mit großem Gebrumm spielen sie Autobahn auf dem Rücken ihrer Mutter.

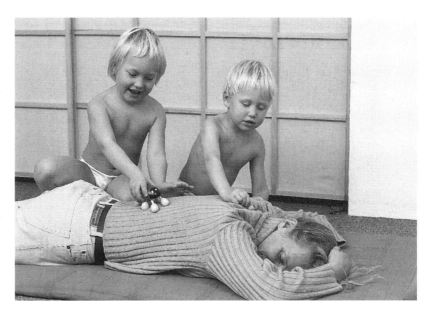

Heile, heile Segen,
bist du mal krank, werd' ich dich pflegen.
Ich halte dich und streichel dich,
kuschel dich ganz fest an mich.
Gemeinsam kriegen wir das hin,
ich weiß 'ne gute Medizin:
Liebe heißt sie und ich hülle
dich ganz hinein in ihre Fülle
mit meinen Händen, das tut gut
und gibt uns beiden neuen Mut.

M.K.

Kapitel 4
Massagen, die heilen und lindern

Wenn Ihr kleines Baby oder Ihr größeres Kind sich unwohl fühlt, wenn es krank ist oder gerade eine seelische Krise bewältigt, können Sie ihm mit Massagen helfen. Die ursprünglichste Form des Heilens ist das Auflegen der Hand, das „Be-Handeln". Aufmerksame Berührung lindert Schmerz, baut Stress ab, gibt Vertrauen und Ruhe, Heilung kann beginnen. Die Tage nach der Geburt, jede Krankheit, Entwicklungsschübe, Veränderungen in der Familie, z. B. die Geburt eines Geschwisters, der Beginn des Kindergartens: Alle diese kleinen und großen Schritte in einem Kinderleben sind oft begleitet von Unruhe und Unwohlsein. Was immer der Auslöser ist: Eine Massage kann das innere Chaos des Kindes ordnen, kann ihm helfen, Übergänge zu bewältigen. Sie macht ihm die klare Grenze seines Körpers, die Haut, bewusst und vermittelt gleichzeitig: „Ich bin bei dir, ich stärke dir den Rücken, ich bin im Kontakt mit dir, auch wenn du deine Gefühle nicht in Worten ausdrücken kannst."

Eine schwierige Geburt, eine Erkrankung des Babys oder der Mutter kann dazu führen, dass die beiden für kurze oder längere Zeit getrennt werden. Das bedeutet einen Schock für beide. Massage kann dazu beitragen, nach einer solchen abrupten Trennung wieder zueinander zu finden, den Schmerz zu lindern. So können Sie neue Verbindungen zueinander knüpfen. Sie machen sich und Ihrem Baby sinnlich erfahrbar: Wir sind wieder zusammen, es ist alles wieder gut.

Wenn Sie als Mutter selbst Mühe haben zu sich zu finden, tut auch Ihnen eine regelmäßige Massage sehr gut.

Berührung ist die Sprache, in der wir ein Kind trösten, seinen Schmerz – seelischen wie körperlichen – lindern, Spannungen lösen. Das heranwachsende Kind erlebt, dass Nähe, Zuwendung und Berührung heilen können, dass der Griff zur Medizin nicht das Wichtigste ist. Kinder, die von ihren Eltern Berührung als selbstverständlichen Teil der Zuwendung und des Miteinanderlebens auch in Krisenzeiten kennen lernen, erfahren, dass Menschen unmittelbar einander helfen können. Sie gewinnen einen Grundstock an Erfahrung, der es ihnen ermöglicht, sich selbst und auch anderen beizustehen. Wenn ein Kind sich unwohl fühlt oder in einer Krise ist, hat das immer auch Auswirkungen auf die Mutter, den Vater, auch sie geraten mehr oder weniger aus dem Gleichgewicht. Zu wissen, wie sie ihrem Kind helfen können, tut auch den Eltern gut. Der innige Kontakt zu dem Kind und die liebevolle Atmosphäre einer Massage hilft auch ihnen, wieder Ruhe zu finden und Kraft zu schöpfen.

In diesem Kapitel finden Sie Anregungen, wie Sie einem zu früh geborenen oder kranken Baby oder Ihrem kranken Kind helfen können. Das Wichtigste bleibt, wie bei allen Massagen, Ihre Intuition und Ihre Beobachtung: Was Ihrem Kind sichtbar, fühlbar, hörbar gut tut, ist gut.

Aus dem Nest gefallen

Zu früh zur Welt zu kommen bedeutet für das Baby zum einen eine starke körperliche Herausforderung: Atmung und Temperaturausgleich, Nahrungsaufnahme, Verdauung und Ausscheidung wollen bewältigt werden. Vor allem macht aber auch die Trennung von der Mutter, das Alleinsein, das Fehlen der schützenden Umhüllung der Gebärmutter dem Frühgeborenen zu schaffen.

Wenn ein zu früh geborenes Baby oder ein krankes Neugeborenes sich mitteilen könnte, würde es Ihnen vielleicht folgenden Brief schreiben:

Liebe Mama, lieber Papa!
Bitte kommt ein wenig näher heran. Ich höre und spüre euch so gern. Warm genug ist es hier in meinem Glaskasten, aber meine Haut ist so nackt, alles ist so leer um mich herum. Das Schönste für mich ist eure Hände auf meiner Haut zu spüren. Dann weiß ich, dass es mich gibt, dass es sich lohnt, dieses Leben. Könnt ihr spüren, dass ich mich entspanne in euren Händen, dass ich besser atmen kann, dass ich warm und rosig werde? Vielleicht schaffe ich es auch bald, meine Augen zu öffnen. Bis dahin sind meine Ohren und meine Haut schon ganz offen für euch. Kommt näher, berührt mich, sprecht und singt mit mir, auch wenn mein Glashaus und die vielen Schnüre, die Infusionen und Monitore euch Angst machen. Noch brauche ich all diese Geräte, ich brauche die Schwestern und Ärzte. Aber vor allem brauche ich euch, eure vertraute Berührung, eure Stimmen, die mich einhüllen von Kopf bis Fuß.

Euer Baby

Es wurde beobachtet, dass Frühgeborene, die massiert wurden, besser saugen können, schneller an Gewicht zunehmen, weniger Infektionen haben und psychisch stabiler sind. Auch für Sie wird die Massage ein Trost sein, in dem Wissen, dass Sie Ihrem Kind angenehme Erfahrungen schenken können in einer Welt, die ihm auch viele Schmerzen zufügt.

Die Schmetterlingsmassage, zunächst vielleicht nur das Streichen von Kopf bis hinunter zu den Füßen und das Streichen im Gesicht, ist auch bei Babys möglich, die im Inkubator liegen. Berühren Sie Ihr Baby eindeutig, aber zart, achten Sie auf ein gleichmäßiges, langsames Tempo und wiederholen Sie Tag für Tag dieselbe Abfolge. Sprechen Sie mit ihm, erklären Sie, was Sie tun oder singen Sie dabei.

Ein Frühgeborenes mag es besonders gern, wenn Sie ihm eine Hand auf den Kopf legen und mit der anderen die Füße und den Po halten. Ihre Hände umhüllen das winzige Kind so, wie es zuvor die Wände der Gebärmutter getan haben.

Bauchweh

Es gibt viele Gründe für ein Baby zu schreien. Bauchweh kann einer davon sein. Das Verdauungssystem mit seinem komplizierten Zusammenwirken von verschiedenen Faktoren, z. B. der Produktion von Verdauungssäften und der Besiedelung des Darms mit den richtigen Bakterien, spielt sich erst nach und nach ein. Der Rhythmus von Hunger und Sattsein, von Fülle und Leere und die Bewegungen des Darms sind zunächst ganz neu und erscheinen ihm bedrohlich.

Jedes Mal, wenn das Baby wächst, hat es plötzlich mehr Hunger, mehr Nahrung muss verdaut werden, erneute Anpassung ist notwendig. Niemand anderes als das Baby selbst kann diese Leistung vollbringen. Die Eltern können ihm die Arbeit nicht abnehmen, auch wenn sie sich sehr bemühen.

Auch Massage ist kein Zaubermittel, kann aber unterstützend wirken. Regelmäßige Schmetterlingsmassage stärkt das Kind, macht es gelassener gegenüber der Belastung, die das Bauchweh bedeutet. Eine Stimulation der Haut wirkt auch ausgleichend auf den Darm.

Bauch und Füße des Kindes warm zu halten, z. B. durch wollene Unterwäsche und warme Socken, trägt dazu bei, dass der Darm seine Tätigkeit leichter vollbringen kann.

Eine spezielle Massage zur Anregung des Darms kann darüber hinaus gezielt die Verdauungstätigkeit harmonisieren.

Die Massage ist aus dem Shiatsu entlehnt. Die Grundidee dieser japanischen Massage zur Gesundheitspflege besteht – ebenso wie die traditionelle chinesische Medizin – darin, dass verschiedenartige Energien im Körper des Menschen auf bestimmten Bahnen (Meridianen) fließen. Die Anregung der Meridiane auf genau bezeichneten Punkten hält den Fluss in Gang oder regt ihn an, wenn er ins Stocken geraten ist.

Shiatsu, von einer gut ausgebildeten Fachkraft gegeben, ist ein Genuss und trägt zu Wohlbefinden und Gesundheit bei. Laien können durchaus einige Techniken aus diesem System gezielt anwenden, um sich selbst, seinem Partner, seiner Partnerin oder seinen Kindern etwas Gutes zu tun.

Wie bei jeder Massage sorgen Sie für eine angenehme Raumtemperatur, reiben die Hände fest gegeneinander und fragen Ihr Kind, ob es einverstanden ist.

Das Kind liegt auf dem Rücken.

Umgreifen Sie eines seiner Beine am Fußgelenk und strecken es aufwärts gegen seinen Kopf. Sie fahren etwa fünfmal mit den Fingern Ihrer anderen Hand an der Rückseite des Beines entlang vom Po bis zum Fußgelenk. Dieses Streichen ist fest und deutlich. Wiederholen Sie das am anderen Bein.

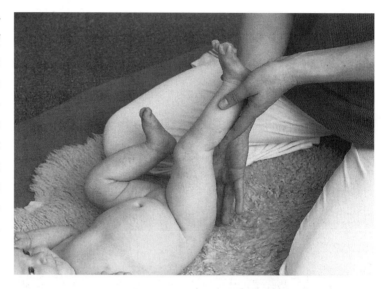

Heben Sie das Becken des Kindes ein wenig an, der obere Rücken bleibt aber weiterhin auf der Unterlage liegen. Setzen Sie Mittelfinger und Zeigefinger einer Hand rechts und links neben der Wirbelsäule auf, einen Wirbel oberhalb des Kreuzbeins. Führen Sie auf dieser Stelle etwa zwei Minuten eine vibrierende Bewegung mit leichtem Druck aus.

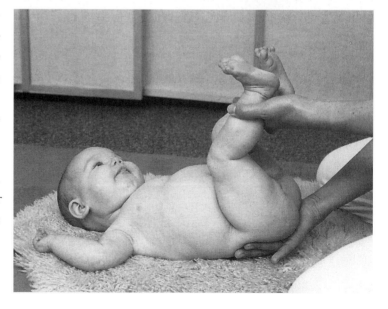

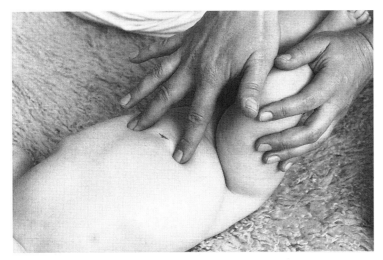

Legen Sie Mittelfinger und Zeigefinger einer Hand neben den Bauchnabel Ihres Kindes rechts und links etwa 2,5 Zentimeter vom Nabel entfernt auf. Lassen Sie beide wie zuvor etwa zwei Minuten lang vibrieren.

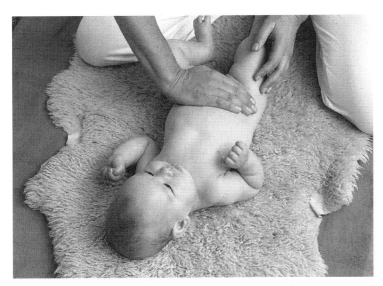

Bedecken Sie den Nabel des Kindes mit Ihrer warmen Hand. Bei jedem Ausatmen Ihres Kindes üben Sie leichten Druck in Richtung Schritt aus. Machen Sie das etwa zwei Minuten, wobei Sie niemals senkrecht nach unten pressen, sondern Ihre Hand kurz und rhythmisch eher waagerecht bewegen. Lassen Sie sich überraschen, wie schnell Ihr Kind atmet!

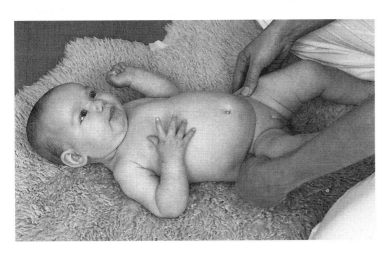

Kneten Sie die Leistengegend rechts und links zwischen Fingern und Daumen etwa zwei Minu-

Legen Sie eine Hand über den Nabel und massieren Sie sehr sanft etwa zehnmal im Uhrzeigersinn. Dabei bleibt Ihre Hand auf der Stelle liegen und nimmt die darunterliegende Haut mit in die Bewegung.

Wenn Sie möchten, können Sie nach einigen Minuten Pause die Massage von Anfang an wiederholen.

Regen Sie den Darm an, indem Sie die Beine des Kindes hochnehmen und die Knie an seinen Bauch drücken. Massieren Sie den Schließmuskel vorsichtig mit Ihrem kleinen Finger ein wenig. Der Erfolg in Form abgehender Winde oder auch des Stuhlgangs lässt meistens nicht lange auf sich warten. Es ist aber auch möglich, dass erst eine regelmäßige Massage – täglich wiederholt – langsam zum Erfolg führt.

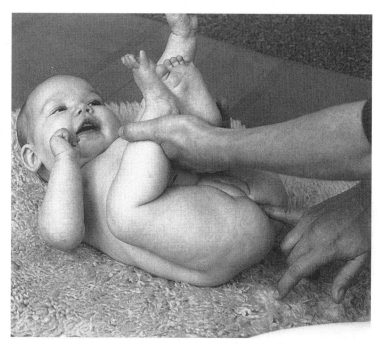

Unstillbares Schreien

Nicht immer liegt die Ursache von Babygeschrei im Bauchweh. Offensichtlich und nicht zu überhören ist die Tatsache, dass einige Babys in ihren ersten Lebensmonaten täglich kurze oder auch sehr lange Zeit schreien und durch nichts zu trösten sind. Das belastet die Eltern enorm. Sie probieren jede nur denkbare Maßnahme aus, sie hüpfen, sie schaukeln, singen, tanzen und erreichen damit günstigenfalls eine kurze Unterbrechung des Geschreis, das danach oft mit neuer Intensität einsetzt.

Mache ich etwas falsch? Was kann ich nur tun? Ist mein Kind unglücklich? Bin ich eine schlechte Mutter / ein schlechter Vater? Selbstvorwürfe, Schamgefühle tauchen auf. Viele Fragen zerren außer dem Geschrei des Kindes noch zusätzlich an den Nerven. Über die Ursachen wird viel spekuliert, meistens wird das Problem mit Verdauungsstörungen erklärt. Das kann sicher einer der Gründe sein, darüber hinaus ist aber zu vermuten, dass die Verarbeitung aller Reize, die auf das noch unreife Nervensystem des Kindes einströmen – die „Verdauung" im weiteren Sinne – zu einer Überreizung führen kann. Das Kind schafft es nicht, die Eindrücke zu verarbeiten, es wird überflutet und … schreit.

Ebenso können seelische Belastungen, z. B. eine traumatische Geburt oder eine frühe Trennung von der Mutter, die Fähigkeit eines Kindes vermindern, sich im Wechsel von Anregung und Ruhe zu entspannen.

Eine genaue Beobachtung und Dokumentation der Schreizeiten lassen häufig eine gewisse Regelmäßigkeit erkennen: Manche Kinder schreien vorzugsweise in den frühen Abendstunden, andere eher morgens, manche halten Stunden durch, einige sind schon nach einer halben Stunde fertig damit. Und kein Kind schreit 24 Stunden am Tag!

Eine wirkliche (Er-)Lösung scheint es allerdings nicht zu geben.

Sie können sich einzig damit trösten, dass das Schreien früher oder später ganz sicher aufhören wird.

Wenn Ihr Baby (und Sie) von Schreiattacken geplagt werden: Seien Sie sich dessen bewusst, dass Ihr Kind gerade eine schwere Aufgabe bewältigt. Es muss sich in der Welt mit ihren vielen Sinnesreizen zurechtzufinden. Nach und nach wird es lernen, wann es sich nach außen öffnen will und wann es Zeit ist, sich in sich selbst zurückzuziehen und das Erlebte zu verarbeiten. Diese Wochen werden vorbeigehen. Sie können Ihrem Kind beistehen und ihm den Rücken stärken. Aber weder sind Sie schuld daran, noch steht es in Ihrer Macht, sofort Abhilfe zu schaffen. Vielleicht hilft Ihnen diese Erkenntnis schon ein wenig, die Anfälle besser auszuhalten. Selbst ruhig zu bleiben, weiter zu atmen, das Kind fest in den Arm zu nehmen, mit der Überzeugung „Du schaffst es schon, ich bin bei dir" unterstützt Sie in dem Bemühen, sich

nicht von der laut herausgebrüllten Verzweiflung des Kindes anstecken zu lassen. Es gibt wenig zu tun in diesem Moment und es wird vorbeigehen!

Geraten Sie wirklich an Ihre Grenzen und haben Sie jeden guten Rat schon vergeblich befolgt, dann suchen Sie Hilfe bei Fachleuten. In einigen Städten gibt es sogenannte Schreiambulanzen: an Kliniken angebundene, von Behörden eingerichtete oder privat betriebene Beratungsstellen, die Ihre Sorgen und Nöte kennen und Ihnen helfen können. Ihr Kinderarzt oder Ihre Hebamme vermitteln Ihnen sicher Adressen.

Wenn Ihr Baby das mag oder zumindest toleriert, kann es sehr helfen, ihm regelmäßig in einer ruhigen Stunde Massage zu geben. Eltern und Kind erleben, dass es Abschnitte am Tag gibt, zu denen sie etwas Schönes miteinander machen. Die während der Schreiphasen arg strapazierte Beziehung zueinander wird gepflegt. Darüber hinaus sorgt die gut strukturierte, immer wiederkehrende Massage dafür, dass das Kind auch andere Sinnesreize nach und nach besser verarbeitet. Die zunächst überwältigenden Gefühle lassen sich besser einordnen. Auch Massage kann das Problem nicht auf Knopfdruck beenden. Sie kann aber wesentlich dazu beitragen, dass Eltern und Kind mit der Belastung besser umgehen können.

Die Schmetterlingsmassage (s. S. 27 ff.) bringt den durch Schmerz und Verwirrung blockierten Fluss der Lebensenergie wieder in Gang, sowohl beim Baby als auch bei den Eltern, Entspannung wird wieder möglich.

Schlaf, Kindchen, schlaf

Manchen Babys und Kindern fällt es schwer, den Tag zu beenden und in die Nacht einzutauchen. Vorausgesetzt, das Kind ist wirklich müde, kann ein regelmäßig wiederkehrendes Ins-Bett-geh-Ritual ihm dabei helfen, sich auf den Schlaf einzustimmen. Massage kann ein Teil dieses Rituals sein und so einen festen Platz im Familienleben bekommen.

Bei einigen Babys ist zu beobachten, dass sie nach einer vollständigen Massage (Schmetterling oder indisch) für viele Stunden gut schlafen.

Andere wiederum werden danach erst recht munter. In diesem Fall ist es besser, nur eine kleine Massage, sozusagen als Ganz-Körper-Gute-Nacht-Kuss, kurz vor dem Einschlafen zu machen.

Eine Massage des Gesichts löst Spannungen bei Babys und auch bei älteren Kindern. Einhüllendes Streichen über den ganzen Körper hilft, in den Schlaf hinüberzugleiten. Dazu noch ein Schlaflied und der Tag findet ein ruhiges Ende.

Der Riesenschmetterlingsgutenachtkuss

Das Kind liegt schon im Bett, die altersgemäßen abendlichen Verrichtungen sind getan: Es hat zu Abend gegessen, getrunken, die Zähne sind geputzt, es hat seinen Schlafanzug angezogen, bzw. ist gestillt und gewickelt. Lassen Sie sich jetzt nicht stören, wenden Sie sich mit Ihrer vollen Aufmerksamkeit noch einmal Ihrem Kind zu.

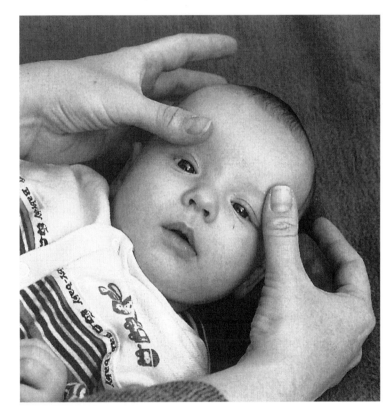

Streichen Sie über seine Stirn, von der Mitte zur Seite.

Folgen Sie mit den Fingerspitzen seinen Augenbrauen.
Reflektorisch wird das Kind die Augen schließen. Wenn es sehr müde ist, bleiben sie auch gleich zu.

Massieren Sie auf den Kiefergelenken in kleinen Kreisen.

Streichen Sie dreimal vom Scheitelpunkt zart und in einem flüssigen Tempo über den ganzen Körper bis zu den Füßen und darüber hinaus.

„Schlaf gut".

Wenn die Zähne kommen

Die Zähne wachsen schubweise. Lange bevor die ersten weißen Spitzen sichtbar werden, kann es sein, dass Ihr Baby unruhig ist, dass es einen verstärkten Speichelfluss hat und das große Bedürfnis zeigt, auf etwas herumzukauen.

Massieren Sie dann regelmäßig seine Kiefergelenke, indem Sie kleine Kreise auf seinen Wangen vor den Ohren, hinunter bis zum Unterkiefer und hinauf bis zu den Schläfen beschreiben.
(Die Technik des Kreisens finden Sie im Kapitel „Schmetterlingsmassage" ab S. 27 beschrieben, aber vielleicht ist sie Ihnen inzwischen auch schon ganz vertraut.)

Und massieren Sie um den Mund herum: kleine Kreise auf der Stelle, dann den Finger einen Zentimeter daneben aufsetzen, neue Kreise auf der Stelle und so weiter, bis Sie die Zahnleiste sowohl im Unter- als auch im Oberkiefer von außen massiert haben.
Den richtigen Druck finden Sie mit Ihrem Kind gemeinsam heraus: vielleicht mag es ihn fester, als Sie erwarten.

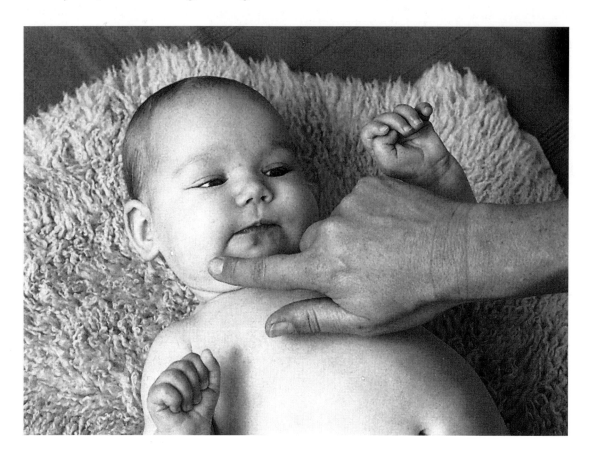

Schnupfen und Husten

Eine verstopfte Nase und Husten sind zwar in der Regel keine schweren Krankheiten, aber sie sind unangenehm und können sehr quälend sein.

Schnupfen

Verschnupfte Nasen bekommen wieder besser Luft, wenn Sie auf den folgenden Punkten massieren. Ein älteres Kind kann rasch lernen, diese Punkte selbst zu massieren und Erwachsene haben natürlich auch manchmal Schnupfen ...

Folgen Sie mit festem Druck den Augenbrauen von der Mitte zur Seite und führen Sie jede Bewegung einige Male durch.

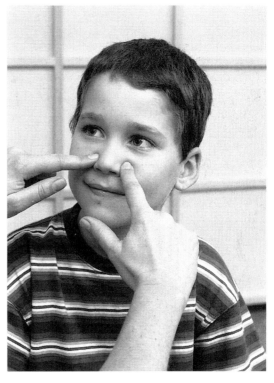

Drücken Sie mit leichtem Vibrieren die Punkte rechts und links neben dem Nasenwinkel.

Drücken Sie von unten auf die Nasenspitze und schieben Sie sie hoch, lassen Sie das Kind dabei kräftig durch die Nase einatmen.

Diese Massage kann so häufig wiederholt werden, wie es angenehm ist.

Reiben Sie Majoranbutter (aus der Apotheke) über die Wangen und unter die Nase, das durchwärmt und löst den zähen Schleim. Wenn Ihr Baby Schnupfen hat und noch Muttermilch zur Verfügung steht, geben Sie ihm etwas davon als Nasentropfen mit einer Pipette in die Nase. Das hat eine wunderbare Heilwirkung.

Husten

Bei Husten hilft die folgende Massage:

Lassen Sie Ihr Kind den einen Arm heben und selbst mit der anderen Hand über den Brustkorb bis hin zu den Ellenbogen und wieder hinunter zur Taille kräftig auf- und abreiben, etwa 30mal.

Dann suchen Sie auf der Brust des Kindes – oder lassen Sie das Kind es selber tun – die kleinen Grübchen rechts und links des Brustbeins zwischen den Rippen. Wenn Sie dort leicht vibrierend drücken, erleichtert das Ihrem Kind die Atmung. Beginnen Sie oben am Schlüsselbein und gehen Sie Rippenpaar für Rippenpaar tiefer.

Trommeln Sie sacht mit den flachen Händen auf den Rücken des Kindes und lassen Sie es „aaah" dabei sagen.

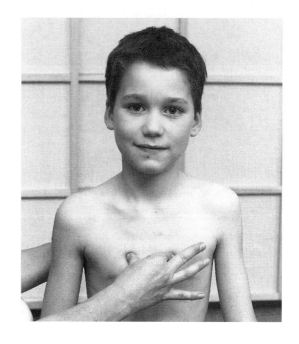

Kopfweh

Auch Kinder leiden gelegentlich, manche sogar häufig unter Kopfschmerzen. Eine Massage kann die Beschwerden lindern. Die Nähe und die Zuwendung, die Sie Ihrem Kind geben, tun ihm auf jeden Fall gut. Treten die Symptome oft oder regelmäßig auf, sollten Sie auch eine Ärztin nach möglichen Ursachen fragen.
Diese Massage tut natürlich auch Erwachsenen gut!

Dasselbe machen Sie auf einem Punkt senkrecht darüber direkt am Haaransatz. Drücken, kreisen, vibrieren Sie etwa 20mal.

Sie setzen die Linie weiter fort, bis Sie genau auf dem Scheitelpunkt ankommen. In diesem Punkt kreuzt sich eine gedachte Linie aus dem Scheitel und einer Linie von der rechten zur linken Ohrspitze. Auch dort vibrieren und drücken Sie leicht kreisend etwa 20mal.

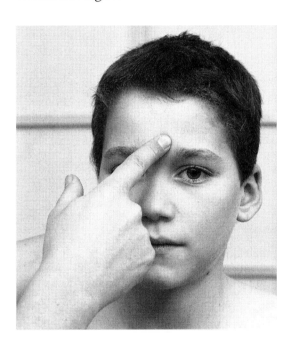

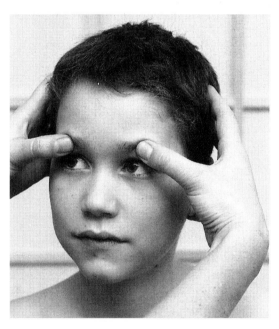

Das Kind sitzt aufrecht auf einem Stuhl oder im Schneidersitz auf dem Boden. Sie stützen seinen Kopf mit der einen Hand am Hinterkopf ab, mit dem Zeigefinger der anderen Hand drücken Sie auf die kleine Vertiefung zwischen den Augenbrauen und lassen Ihren Finger dort leicht vibrierend kreisen.

Drücken Sie mit beiden Daumen auf einen Punkt in der Mitte beider Augenbrauen. Wenn Ihr Kind geradeaus schaut, liegt dieser Punkt über seinen Pupillen.

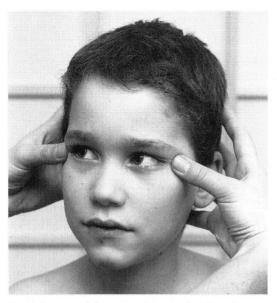 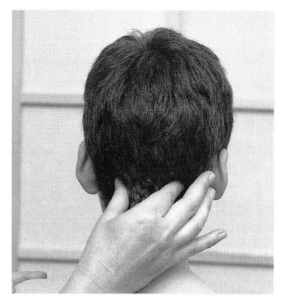

Drücken und kreisen Sie an den Punkten rechts und links am äußeren Augenwinkel noch über dem Knochen.

Drücken und kreisen Sie an je einem Punkt direkt unterhalb der Augen, wiederum auf dem Knochen und direkt unter der Pupille des Kindes. Der Druck richtet sich nach den Empfindungen des Kindes und nach Ihrem eigenen Gefühl.

Massieren Sie die Punkte im Nacken des Kindes direkt unterhalb der Schädelkante rechts und links der Wirbelsäule.

Fahren Sie mit den Fingern rechts und links den Nacken entlang nach unten bis zu den Schultern, drücken Sie mit beiden Daumen in die Vertiefung in der Mitte der Schultern. Vibrieren Sie auch dort ein wenig und drücken Sie so fest oder so sachte, wie es Ihrem Kind angenehm ist.

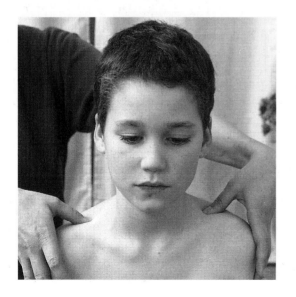

Fahren Sie zu den Schulterkuppen des Kindes und drücken Sie mit dem Daumen genau auf den Schulterkuppen.

Da die Ursache von Kopfweh häufig eine Verspannung im Nacken- und Schulterbereich ist, behandeln wir diesen Teil des Körpers gleich mit.

Rückenschmerzen

Auch ein Kinderrücken, vor allen Dingen der von Schulkindern, hat schon viel zu tragen und meldet sich manchmal mit Schmerzen. Aktive Bewegung stärkt die Muskulatur, Massage führt darüber hinaus zu einer Regulierung der Spannung und tut gut.

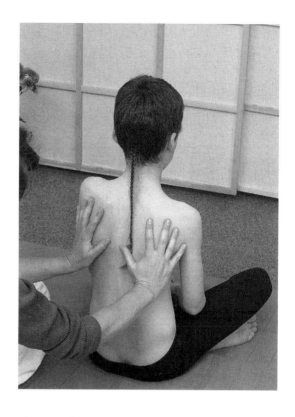

Das Kind sitzt im Schneidersitz auf dem Boden oder rittlings auf einem Stuhl. Sie knien oder stehen dahinter. Legen Sie dem Kind beide Hände entspannt auf die Schultern. Wenn Sie selber Ihre Schultern und Arme dabei locker lassen und ruhig weiteratmen, werden Ihre Hände angenehm weich und schwer.

Lassen Sie sie eine Weile ruhig dort liegen. Dann beginnen Sie mit einer leichten vibrierenden Bewegung. Weiter vibrierend wandern Ihre Hände langsam über die Schultern, den Nacken und den Rücken des Kindes. Es ist, als wollten Sie die Muskulatur freundlich einladen, etwas locker zu lassen. Widmen Sie auf diese Art den Schulterblättern besondere Aufmerksamkeit.

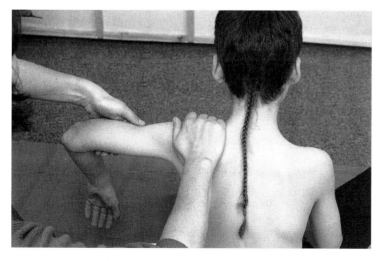

Dann legen Sie Ihre rechte Hand auf die linke Schulter des Kindes. Fassen Sie mit Ihrer linken Hand unter seinen Oberarm, die rechte Hand hält die Schulter still und die linke Hand bewegt nun den Arm in Kreisen vor und zurück. Ermuntern Sie Ihr Kind dabei lockerzulassen. Und immer, wenn Sie spüren, dass es selbst seinen

Arm bewegt, wiederholen Sie die Aufforderung: „Lass locker". Wiederholen Sie diese Bewegungen auch mit dem rechten Arm des Kindes.

Zum Schluss lassen sie Ihre Hände vom Scheitelpunkt des Kindes über den Nacken, den Schultern, den ganzen Rücken herunter und um das Becken herum gleiten. Diese Berührung hat etwas sehr Fließendes, sie ist eher zart.

Begleitung bei Neurodermitis und Asthma

Diese zwei chronischen Erkrankungen bringen, wo immer ihre Ursachen zu suchen sind, viel Anstrengung und Anspannung in eine Familie. Massage ist sehr nützlich, um die Folgen dieser Stresssituation zu mildern. Sie bringt Linderung der Beschwerden für die Kinder und auch Trost für die Erwachsenen.

Mütter im Babymassagekurs berichteten, dass ihre an Neurodermitis erkrankten Babys nachts, wenn der Juckreiz kommt, sich sichtbar entspannen, wenn sie von Kopf bis zu den Füßen sacht von streichenden Händen eingehüllt werden.

Ältere Kinder erleben, dass ihre sonst so geschundene und schmerzende Haut bei der Massage eine Quelle angenehmer Gefühle sein kann. Die Erfahrung: Meine Mutter, mein Vater liebt mich, auch wenn diese Haut so viel Mühe macht, ist für ein Kind sehr beruhigend. Es fühlt sich eingehüllt, geliebt, geborgen, obwohl es seinen Eltern so viele Sorgen macht.

Der von den Hustenanfällen angespannte Körper eines asthmageplagten Kindes kann sich unter massierenden Händen wohlig entspannen. Der Atem wird ruhiger und tiefer. Regelmäßige Massagen, besonders auch zu Zeiten, in denen es dem Kind recht gut geht, schaffen eine gute Voraussetzung dafür, dass der nächste Anfall mit mehr Gleichmut getragen wird, dass

Anfälle seltener kommen und weniger schwer sind. Massage kann so zu einer Ergänzung schulmedizinischer oder naturheilkundlicher Behandlung werden.

Wenn das Kind sehr krank ist

Ein Kind während eines Krankenhausaufenthaltes zu begleiten, ihm zu helfen, Ängste und Schmerzen zu bewältigen und Heimweh zu überstehen, ist für die Eltern sehr anstrengend. Sie machen sich Sorgen um ihr Kind, sind verunsichert in diesem fremden Lebensumfeld, der Alltag ist aus den Fugen geraten. Viele Stunden verbringen sie neben dem Bett des Kindes, Stunden, die sich dehnen können wie Kaugummi. Massagen können in dieser Situation auf zweierlei Art nützlich sein:

Sie helfen Ihnen und Ihrem Kind, Angst, Schmerz, Verwirrung zu glätten, zu sich selbst und zueinander zu finden. Wieder ist es die vorsprachliche, die Ur-Kommunikation von Hand zu Haut, die tröstet und beruhigt. Sie können Ihren aktiven Beitrag zur Gesundung des Kindes und zu seinem Wohlbefinden leisten.

Darüber hinaus regt Massage die Durchblutung sanft an, der Atem wird tiefer, die Sauerstoffversorgung des Körpers besser.

Je nach Krankheitsbild und Zustand des Kindes ist vielleicht nur eine Massage der Hände oder Füße sinnvoll. Wenn es Ihrem Kind dann schon besser geht, unterstützt eine tägliche Schmetterlingsmassage den Heilungsprozess.

Und Massagen vertreiben die Zeit, wenn schon alle Geschichten erzählt und alle Bücher vorgelesen sind. Erheitern Sie sich und Ihr Kind mit den Massagegeschichten. Oder dem folgenden kleinen Fingerspielvers:

Auch hier bietet es sich wieder an, die Schmetterlingsmassage anzuwenden, aber auch jede andere, je nach Alter und Temperament des Kindes kann gut tun.

Ein kleiner kranker Fratz
ist heut' mein liebster Schatz.
Zart am Daumen des Kindes wackeln

Ich bette ihn zur Ruh
und decke ihn ganz zu.
Den Daumen in die Handfläche betten, die Finger sanft darüber schließen, mit der eigenen Hand bedecken

Am Morgen schau ich nach:
Die Finger öffnen

Da ist mein Schatz gesund und wach.
Fröhlich mit dem Daumen wackeln

Damit ich ruhiger denken kann: Selbstmassage für Kinder

Gerade die Massagen für Schultern, Nacken, Kopf und Rücken sind in einer Kindergruppe oder in der Schulklasse sehr beliebt. Kinder geben sich untereinander auch gern die Katzenpfotenmassage, sie eignet sich zudem für kurze Pausen. Danach fällt das Lernen vielleicht leichter.

Ebenfalls für lange Schultage oder anstrengende Hausaufgaben-Stunden eignen sich drei kurze Massagen, die jedes Kind an sich selbst macht. Sich selbst, seine eigene Haut zu spüren, kann die manchmal zerstreute Aufmerksamkeit von Kindern wieder zentrieren.

Die Regentropfenmassage

Sie lockert Gesicht, Kopf und Nacken und belebt müde Geister.

„Nehmt beide Hände über den Kopf. Die Hände sind halb geöffnet und die

Fingerspitzen fallen ganz weich wie Regentropfen zunächst auf den Kopf,

dann auch auf die Stirn,

auf die Ohren, in den Nacken."

„Weiter bleiben die Hände ganz entspannt, und die Regentropfen fallen auch auf die Schultern, auf die Brust und auf den Bauch."

(nach etwa zwei Minuten)

Der Regen lässt nach ...

Jetzt hört er ganz auf.

Die Sonne geht wieder auf.
Räkel dich ganz gründlich, recke und strecke dich,
wie Sonnenstrahlen
nach oben und unten,
hinten und vorn."

Die Augen entspannen

Die Kinder sitzen aufrecht im Schneidersitz oder auf dem Stuhl.

„Reibt die Hände fest gegeneinander und legt dann die Hände mit den Handflächen über die Augen.

Die Hände sind ganz weich dabei, sie bilden eine Höhle über den Augen.

Lasst eure Augen locker geschlossen.

Der Atem fließt ruhig aus und ein.

Die Mundwinkel hängen ein wenig herunter.

Spürt die Wärme, die aus den Händen in die Augen fließt."

(Nach einiger Zeit, wenn die Gruppe unruhig wird)

„Die Augen bleiben noch geschlossen. Lasst eure Hände in den Schoß sinken. Spürt noch einmal eure Augen. Vielleicht fühlen sich die Augen jetzt etwas kühler an,
vielleicht spürt ihr auch, dass sich das ganze Gesicht, die Stirn, die Wangen und der Mund entspannen."

„Räkelt euch gründlich!"

Gesichtsmassage

Die Kinder sitzen entspannt aufrecht und schließen die Augen.

„Setzt alle Fingerspitzen auf eure Stirn.

Beim Ausatmen rutscht ihr mit den Fingerspitzen
über das Gesicht,
den Hals hinweg
zur Brust hinunter.

Das ist so, als ob ihr Wassertropfen abwischen wolltet.
Macht das einige Male hintereinander. Beim Ausatmen wischt ihr nach unten, beim Einatmen setzt ihr die Finger wieder auf der Stirn auf.

Wenn alle Wassertropfen abgewischt sind,
lasst die Augen noch zu
und legt die Hände in den Schoß.

Wie fühlt sich das entspannte Gesicht an? Ist es wärmer oder kühler als zuvor? Weicher oder fester? Größer oder kleiner?

Lasst die Augen so lange zu, wie ihr mögt.

Dann räkelt euch, reckt und streckt euch."

Dich spüren
warm und schwer.

Dich halten
zart und voller Leben.

Dich stärken
mit Nahrung und Liebe.

Dich wachsen lassen
mit Freiheit und Grenzen.

Dich fliegen lassen
in ein Leben voller Abenteuer.

Und mir wünschen,
dass du mir nah bist
dann und wann –
so wie jetzt.

M.K., für Marieke

Kapitel 5:
Hintergründe

Die Haut als Ort der Kommunikation: Grenze, Kontakt und Austausch

Aufnehmen und abgeben

Von den ersten Anfängen an ist das Leben gegründet auf den Austausch mit der Umwelt und gleichzeitiger Abgrenzung von ihr. Ei und Samenzelle finden sich und augenblicklich schließen sie sich ab gegen weitere Samen. Das befruchtete Ei wird getragen von den winzigen Härchen im Innern des Eileiters und bettet sich in die Wand der Gebärmutter. Ein intensiver Kontakt beginnt. Die Wände der Gebärmutter nehmen das Ei auf, ermöglichen ihm sich fest einzunisten, ernähren es. Das Ei, jetzt schon aus einigen Zellen bestehend, weiß, was es tun muss, um die Gegebenheiten im Uterus zu nutzen: Es baut sich ein Nest, in dem es wachsen kann. Der innere Plan der Frucht, im Zusammenspiel mit einer nährenden, schützenden und anregenden Umgebung, macht Entwicklung und Wachstum erst möglich. Dabei ist von Anfang an der neue Mensch mit seiner eigenen Hülle umgeben. Zunächst ist es nur die Eihaut, eine Membran. Bald entwickelt sich – aus demselben Keimblatt – das Gehirn wie die Haut.

Von jetzt an wird sie diesen Menschen sein ganzes Leben lang vollständig umhüllen, seine Grenze zur Außenwelt bilden. Die Haut macht Kontakt und Austausch mit der Umgebung möglich. Sie ist das größte Sinnesorgan und neben dem Gehirn eines der unersetzbaren Organe.

Haut, Darm und Atemorgane werden im weiteren Leben dafür sorgen, dass der Mensch aus seiner Umgebung die Stoffe aufnimmt, die er für sein Leben braucht, dass er abgibt, was er nicht mehr braucht, was ihn belasten könnte, und dass viele möglicherweise gefährliche Substanzen zurückgewiesen werden. Die Haut spielt dabei eine Rolle als physikalische und chemische Barriere gegen Einflüsse von außen. Bakterien oder schädliche Stoffe können die gesunde Haut nicht ohne weiteres durchdringen. Ebenso nimmt sie aber auch Stoffe auf. Ein bis zwei Prozent des Gasaustausches findet über die Haut statt: Sauerstoff wird aufgenommen, Kohlenstoff abgegeben.

Die Möglichkeit Medikamente zu verabreichen, indem sie auf die Haut aufgetragen werden, rückt immer mehr in den Mittelpunkt des Interesses der Arzneimittelforschung. Die Produzenten von Cremes und Lotionen für die Schönheit werben schon lange damit.

Die Haut als Hülle, die den gesamten Körper umgibt, trägt auch dazu bei, dass die Temperatur im Innern sich reguliert. Wieder ist eine perfekt angepasste Reaktion auf die Umgebung nötig: die Wärme im Innern halten zu können, wenn es draußen kalt ist und für Kühlung zu sorgen, wenn es draußen warm ist. Die konkrete klimatische Umgebung, in der ein Mensch lebt, trainiert dabei die jeweils notwendigen Fähigkeiten. Aufgrund unserer doch eher zarten Haut brauchen wir Menschen allerdings zusätzlich unser Gehirn und unsere Hände, um schützende Kleidung zu erfinden, herzustellen und zu benutzen.

Ich fühle gut – ich fühle mich gut

Die Haut spielt auch eine wichtige Rolle im Immunsystem: Zum einen wirkt sie direkt als mechanische Barriere, zum anderen beeinflusst sie die Lymphflüssigkeit. Die Lymphe transportiert Abwehrzellen, die jederzeit bereit sind, sich auf Eindringlinge zu stürzen und sie unschädlich zu machen. Je besser die Spannung der Haut ist, umso energischer bewegt sich der Lymphstrom. So erklärt sich, wie die häufig empfohlenen Wechselduschen, die eine starke Stimulation der Haut bedeuten, Abwehrkräfte im Körper stärken. Aber auch zartere Reize der Haut haben einen stärkenden Effekt auf das Immunsystem.

Menschen, die wenig Hautkontakt haben, weil sie allein, alt oder krank sind, werden schneller krank. Und nicht nur Menschen. Bei der systematischen Beobachtung von Tieren (zusammengetragen von Ashley Montague, 1974) wurde festgestellt, dass gestreichelte Ratten, Katzen, Affen, wesentlich gesünder waren als solche, die ohne Berührung leben mussten. Andere Versuche haben gezeigt, dass einfache Berührung bei Mensch und Tier Puls und Blutdruck senken kann, dass sich der Atem vertieft, dass sich Stresshormone absenken, dass Massage Gehirnströme beruhigt.

Sich wohl in seiner Haut zu fühlen meint beides: Ich erlebe buchstäblich meine eigene Haut als Quelle schöner Empfindungen und ich bin sowohl physisch als auch psychisch gesund.

Leben fühlt sich gut an

Berührung ist neben Atmen, Essen und Trinken eine unerlässliche „Nahrungsquelle" für viele Lebewesen, für den Menschen ist sie es ganz gewiss. Die

Haut ist das allererste Sinnesorgan. Schon im Alter von acht Wochen, gerade mal 2,5 Zentimeter lang, reagiert das Kind – noch als Embryo bezeichnet – auf Berührung mit einer Bewegung. Bald wird es größer sein, seine Gliedmaßen entwickeln sich und das Spiel kann beginnen. Das kleine Wesen berührt sich selbst, dabei ist vor allem der Kontakt zwischen der Hand und dem Mundbereich wichtig, es stößt an die Wände der Gebärmutter, es spürt die lebendige Pulsation der Nabelschnur. Erfahrungen des Tastsinnes vermitteln die frühesten Sinneseindrücke. Das Kind „hört" zunächst sogar die Geräusche des mütterliches Körpers als Druckveränderung mit der Haut. Diese frühen Erfahrungen sind durchweg angenehm. Durch das Fruchtwasser wird das Baby geschützt, von den Wänden der Gebärmutter wird es gehalten, von gelegentlichen Kontraktionen gestreichelt und massiert. Vielleicht löst es jedes Mal, wenn Menschen berührt, gestreichelt, massiert werden, eine kleine Erinnerung an diesen Zustand vor der Geburt aus: gehalten, geborgen zu sein, eingehüllt von dem Körper der Mutter. Auf der körperlichen Ebene entsteht Vertrauen. Das Leben ist beständig und angenehm. Wie immer das Leben dieses Kindes weitergehen mag: Es kommt mit einem zumindest minimalen Grundstock an positiver Lebenserfahrung durch Berührung auf die Welt.

Das Leben begreifen

Die Geburt, das Sich-hindurch-Arbeiten durch den Geburtskanal, bedeutet neben einer großen Anstrengung eine starke Reizung der Haut. Während der Wehe wird der ganze Körper intensiv stimuliert. Es findet eine starke Reibung der Haut statt. Diese natürlichen Anregungen lösen lebenswichtige Funktionen wie Atmung und Verdauung aus. Das Baby kommt zur Welt und ist bereit, es mit allen Herausforderungen aufzunehmen. Die Anstrengung der Geburt, der Schrecken über die so ganz andere Welt außerhalb der Gebärmutter, die überwältigenden Erfahrungen von Licht und Geräuschen, von der niederdrückenden Schwerkraft, von trockener, scharfer Luft, die in die Lungen eindringt, bewältigt ein Kind leichter, wenn es von liebevollen Händen in Empfang genommen wird. Auf dem Bauch der Mutter liegend, nur wenige Zentimeter entfernt von dem Ort seines bisherigen Lebens, beruhigt es sich schnell, seine Atmung harmonisiert sich, es wird rosig, öffnet die Augen.

Auch die Mutter hat meistens das große Bedürfnis, das Kind zu berühren, das Unfassbare mit den Händen zu begreifen. Das Kind auf dem Bauch zu spüren erinnert daran, wie es war, als es noch darin war, die Berührungen sind vertraut. Während die Verbindung über die Nabelschnur noch besteht, knüpfen die beiden miteinander ein neues Netz von Beziehungen. Das Fühlen und das Hören der Körpergeräusche, des Herzrhythmus, sind vertraut, darauf können sie aufbauen, das Betasten mit den Händen kommt hinzu und natürlich das Sehen, der Geruch, der Geschmack, die neuen Geräusche. Die Mutter und das Baby nehmen füreinander Gestalt an, sind fühlbar, hörbar, schmecken, riechen und haben ein Aussehen. Dem Tastsinn kommt dabei besondere Bedeutung zu: Er ist der älteste Sinn, und er und der Hörsinn haben bis zur Geburt schon die meisten Erfahrungen gemacht. Berührt zu werden ist vertraut, gibt Sicherheit, beruhigt.

Auch die Entwicklung der Sinne ist ein kommunikativer Prozess: Wenn es etwas zu fühlen gibt, bilden sich im Gehirn Strukturen, die die Verarbeitung dieses Reizes möglich machen. Gut ausgebildete Strukturen im Gehirn wiederum machen immer feineres Fühlen möglich. Dasselbe gilt für alle Sinne. Die Ohren haben schon viel gehört, sie reagieren schon sehr fein, zum Beispiel auf vertraute Stimmen und bekannte Klänge. Die Augen haben bisher weniger Erfahrungen gesammelt, die Fähigkeit des Gehirns, visuelle Reize wahrzunehmen, ist zunächst weniger genau, entwickelt sich aber rasch mit der Vielzahl der visuellen Reize, die die Welt außerhalb der Gebärmutter zu bieten hat. Auch Geschmack und Geruch sind noch einfach strukturiert, Babys bevorzugen Vertrautes, die Neugier auf Neues wächst erst mit der Zeit.

Ich fühle, also bin ich

Die Haut steht über eine Vielzahl von Neuronen im regen Informationsaustausch mit dem Gehirn. Sie kann die allgemeine Befindlichkeit stark beeinflussen und umgekehrt.

Erfahrungen mit dem eigenen Körper bilden die Grundlage des Bewusstseins von sich selbst. Das Baby, schon das Ungeborene, spürt sich selbst und die Wirklichkeit außerhalb seines Körpers zunächst über die Haut. Der Tastsinn ist so gleichzeitig Realitätssinn. Er vermittelt die Erfahrung, dass es ein Innen-drin und ein Außen-vor gibt. Ich fühle, also bin ich, ist vielleicht die erste Erkenntnis eines Menschen über sich selbst, lange bevor er sie in Worte fassen kann.

Ich bin ich und du bist du

Schon in der Schwangerschaft nehmen Mutter und Kind einander über den Tastsinn wahr. Das Kind macht sich durch Bewegungen bemerkbar, die Mutter legt als Antwort ihre Hand auf den Bauch. Die erste gemeinsame Sprache ist die Berührung. Wenn das Baby nach der Geburt auf dem Bauch der Mutter liegt und ihre Hände auf seinem Rücken spürt, bekommt es gleichzeitig zwei Informationen. Die eine ist: Ich bin willkommen, ich bin aufgehoben in dieser Welt. Die andere: Ich bin ein „Ich", und die Hände gehören zu einem „Du", zu einer anderen Person. Diese Hände kommen und gehen, ohne dass ich es beeinflussen kann.

Zunächst löst diese Erfahrung einen Schrecken aus. Im Lauf seiner Entwicklung wird sich das Bewusstsein fest in dem Kind verankern, dass Menschen voneinander getrennte Wesen sind und dass sie die Möglichkeit haben, Kontakt und Nähe zueinander herzustellen. Das wird ihm als zwei unterschiedliche Seiten der Realität vertraut. Die Haut spielt dabei eine große Rolle. Sie ist umhüllendes, das Innere vom Äußeren abschließendes Organ und gleichzeitig macht sie Verbundenheit und Nähe erfahrbar. Die Trennung vom mütterlichen Körper ist unvermeidlich. Achtsame, liebevolle Berührung und der Kontakt von Haut zu Haut lassen neue Sicherheit entstehen.

Satt werden

Körpererfahrung ist der Ausgangspunkt für die Entwicklung der Persönlichkeit. Sinnliche Erfahrungen in einer Menge und Intensität wie sie von dem sich entwickelnden Gehirn gut aufgenommen werden können und gleichzeitig ein ausreichendes Maß an Ruhe, um die Eindrücke verarbeiten zu können, fördern die Ausreifung einer stabilen Persönlichkeit. Jedes Baby hat dabei ein anderes Maß. Eine Aufgabe der Eltern ist es zu erkennen, wie ihr Kind deutlich macht, ob es sich jetzt nach innen wenden möchte oder ob es bereit ist für eine Unterhaltung. Wie ein Baby Hunger auf Nahrung hat, so hat es auch ein Bedürfnis nach Sinneseindrücken. Für den jeweiligen Körper, für sein Alter und seinen Zustand, gibt es angemessen bekömmliche Speisen, eine Ernährung kann einseitig oder ausgewogen sein, zu viel oder zu wenig. Ebenso gibt es auch störende oder anregende Sinnesreize, in der richtigen Qualität, Menge und Vielfalt, dem Alter des Kindes und seinen Möglichkeiten sie zu verarbeiten angepasst.

Je kleiner ein Kind ist, desto bedeutungsvoller ist die Sprache von Haut zu Haut, die alte, die bekannte Sprache. Aber auch heranwachsende Kinder haben Hunger in der Haut. Hier satt zu werden bedeutet, sich vollkommen angenommen zu fühlen, geliebt zu sein. Das Leben ist sinnvoll. Vielen Kindern mangelt es heute an Reizen für den Tastsinn und für den Bewegungssinn. Visuelle Reize dagegen und starke akustische scheint es ausreichend, häufig sogar zuviele zu geben.

Miteinander wachsen

Sobald die Bewegungen des Babys von der Mutter wahrgenommen werden, etwa zwischen der 18. und 20. Schwangerschaftswoche, entwickeln sich kleine Gespräche oder Spiele miteinander. Je kräftiger das Kind wird, umso mehr kann auch der werdende Vater oder ein Geschwisterkind schon mitspielen. Die Familie beginnt sich miteinander zu verständigen, ein Prozess, der sich von jetzt an immer wieder neu gestalten wird. Diese Menschen zusammen bilden ein soziales Gefüge, das sich seine eigenen Spielregeln neu erschafft und in gemeinsamer Erfahrung miteinander entwickelt. Dabei unterscheidet sich diese Familie von jeder anderen in ihrer Umgebung.

Jedes Familienmitglied trägt mit seinem Temperament, mit seinen besonderen Gaben und Grenzen einen Teil dazu bei. Im ständigen Fluss der Interaktion miteinander entsteht etwas ganz Neues, das nur so, mit diesen Personen, an diesem Ort, in dieser Zeit Gestalt annimmt.

In einer Familie (damit meine ich grundsätzlich alle engen Lebensgemeinschaften, unabhängig von ihrem rechtlichen oder biologischen Verhältnis zueinander) entwickeln sich eigene Sprachmuster, eigene Gewohnheiten und auch Bewegungs-und Berührungsmuster. Wieder ist der Körper, und ganz besonders die Haut, der Ort, wo all das zuerst Realität wird. Lebenserfahrung bedeutet auch Körpererfahrung, Hauterfahrung.

Die körperliche Realität seiner selbst und seiner Umgebung zu erspüren, ist der Beginn des sozialen Lebens. Der achtsame Umgang der Eltern miteinander und mit ihrem Baby, aufmerksame Berührung, liebevoller Hautkontakt von Anfang an machen im gemeinsamen Leben Wachstum und Entwicklung möglich.

Thomas Harms
Vegetative Grundlagen der Babymassage

Vorbemerkung

Eltern, die ihre Babys regelmäßig massieren, machen viele verblüffende Entdeckungen und Erfahrungen. Die spontanen körperlichen und psychischen Entspannungsreaktionen ihres Sprösslings, die plötzlichen Veränderungen der Koordination und Qualität der Bewegungen oder die Beobachtung, dass Hände und Füße sich spontan erwärmen, nachdem sie zuvor ständig kühl und feucht waren. Viele dieser kleinen und großen Veränderungen wirken auf den ersten Blick geheimnisvoll und unerklärlich.

Wie ist es möglich, dass die liebevolle Berührung der unterschiedlichen Babymassage-Techniken (wie z. B. die sanfte Schmetterlingsmassage von Dr. Eva Reich) eine derartig tiefe Wirkung entfaltet? Eine Frage, der ich in diesem Abschnitt auf den Grund gehen möchte. Im Zentrum meiner Ausführungen werde ich mich dabei mit den bioenergetischen und vegetativen Grundlagen der Babymassage auseinander setzen. Hierzu werde ich auf die Arbeiten eines ungewöhnlichen und faszinierenden Wissenschaftlers zurückgreifen: Es sind die bioenergetischen Forschungen des Arztes und Naturforschers Wilhelm Reich (1897 – 1957).

Reich begann in den 20er Jahren in Wien als einer der talentiertesten Schüler Sigmund Freuds, des Begründers der Psychoanalyse. Zeit seines Lebens war er fasziniert von der Frage nach den Quellen des Lebendigen. Es war die Frage nach dem unbekannten „X", das uns antreibt, wachsen und lieben lässt. Wie schon sein Lehrer Freud, nahm auch Reich an, dass eine spezifische Energie dem psycho-physischen Lebensprozess zugrunde liegt. Freud hatte diese Energie hypothetisch „Libido" genannt. Er konnte den wissenschaftlichen Nachweis für die Existenz dieser postulierten Triebenergie nie liefern. Obwohl viele Wissenschaftler der frühen Libidotheorie Freuds den Rücken kehrten, blieb Wilhelm Reich der Suche nach einer Energie des Lebendigen treu. In 40jähriger Forschungsarbeit beschrieb Wilhelm Reich als Antwort auf die offenen Fragen eine spezifische Lebensenergie („Orgon").

„Leben gilt den gelehrten Naturwissenschaftlern ausschließlich als eine komplexe Eigenschaft hochorganisierter Materie. Eine Lebens- und Formprozessen übergeordnete, diese beeinflussende, strukturierende und durchdringende Energie, welche die Prozesse des Entstehens und Vergehens, der Erhaltung und Wandlung während der Lebensspanne beeinflusst oder sogar steuert, findet in ihrem Weltbild und ihren Forschungsbereichen keinen Platz. Doch der Erforschung gerade dieser Energie hat Wilhelm Reich sein Lebenswerk gewidmet."[1]

Energie des Lebendigen

Grundlage des hier vorgestellten Modells ist die Existenz einer spezifischen biologischen Energie, die im menschlichen Organismus allen psychischen und somatischen Funktionen zugrunde liegt. Sie ist die treibende Quelle des Lebendigen. Dabei werden spezifische psychische und somatische Funktionen, wie z. B. Emotionen, Gedanken, Erinnerungen, die Atmung, Sexualität oder Peristaltik des Darmes, als Manifestationen der ursprünglichen Lebensenergie („Orgon") begriffen. Tatsächlich ist die Qualität der unterschiedlichen psychosomatischen Erscheinungen abhängig von den Fließ- und Wandlungsprozessen der Bioenergie auf einer tieferen Ebene unseres Organismus. So erzählt uns der Körper mit seinen verschiedenen Qualitäten, die er uns präsentiert, etwas über den jeweiligen Zustand des bioenergetischen Systems.

Tatsächlich ist der Strom der Bioenergien mit einem Flusssystem in der Natur vergleichbar.[2] Entlang der Längsachse des Körpers fließen die bioenergetischen Erregungswellen. Wie eine schwingende Flüssigkeit kann die Energie unterschiedliche Bereiche des Organismus erfassen. Bei einem Baby können wir dies wunderschön beobachten. Mal schwenkt es lebhaft die Arme hin und her, dann strampeln und stoßen die Beine aufgeregt, und schon kurze Zeit später konzentrieren sich die Energien an den Augen. Das Baby nimmt jetzt voller Interesse Kontakt mit seiner belebten und unbelebten Umwelt auf. Die Offenheit und Durchlässigkeit des bioenergetischen Systems entscheidet über die Geschmeidigkeit und Anmut der Bewegungen bei einem Säugling. Alle Schichten des Organismus werden bioenergetisch versorgt und durchströmt. Führen wir den Vergleich mit dem Flusssystem in der Natur fort: Hier treten Störungen auf, wenn der

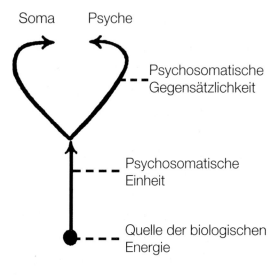

Schema: Psychosomatische Identität und Gegensätzlichkeit

natürliche Strom des Wassers durch den Bau von künstlichen Dämmen aufgehalten wird. Die Menge des zu- und abfließenden Wassers steht nicht mehr in der Balance: Das Wasser staut sich, tritt über die Ufer und schafft Unheil und Zerstörung. Auch im bioenergetischen System ist die Produktion und der Verbrauch der Energien in Form von Motorik, Wachstum, Sexualität und Arbeit in einem ständigen Gleichgewicht begriffen. Kommt es zu Blockierungen des natürlichen Flusses der Bioenergien, sind Stauungen in bestimmten Bereichen des Organismus die Folge. Sekundär können sich die Stauungsenergien als Angst, destruktive Impulse oder in Form psychosomatischer Erkrankung Ausdruck verschaffen.

Bei einem Säugling sind Blockierungen der bioenergetischen Beweglichkeit relativ einfach zu erkennen. Im blockierten Zustand verlieren die Körperbewegungen ihre Einheitlichkeit und Verbundenheit. Der Fluss der Erregungen zersplittert. Es ist vergleichbar mit einem Wurm, der mit einer Pinzette in der Mitte seines Körpers sanft zusammengedrückt wird. Sofort wird der ganzheitliche Erregungsfluss des Wurmes unterbrochen. Ober- und Unterkörper des Wurmes verlieren die Verbindung zueinander. Beim Baby können wir einen funktionell identischen Prozess beobachten, wenn der freie Fluss der Bioenergien behindert wird: Das Baby windet sich, bäumt sich auf, biegt seinen Rücken nach hinten durch. Es quengelt ständig und der Körper des Babys fühlt sich steif und hart an.

Der Verlust der Einheitlichkeit zeigt sich beim Baby darin, dass die Bewegungen von Ober- und Unterkörper nicht mehr miteinander korrespondieren. So können die Beine des Säuglings völlig unbewegt daliegen, während Kopf, Brust und Arme sich in einem Zustand der bioenergetischen Überladung befinden. Die Qualität der Bewegung kann in diesen Partien dann explosiv und zerstreut sein. Die Störung der bioenergetischen Balance zeigt sich auf allen Ebenen des Systems: im emotionellen Bereich, im Interaktionsverhalten, in der Wach-Schlaf-Rhythmik und ebenso im senso-motorischen Bereich.

Was ist Pulsation?

Bisher haben wir bei der Beschreibung der bioenergetischen Prozesse im menschlichen Organismus vereinfacht von Fließprozessen gesprochen. Wir wollen diese Aussage im nächsten Schritt etwas konkretisieren. In dem bioenergetischen Modell gehen wir von einer spezifischen Bewegungsform der Lebensenergie aus: der Pulsation. Wilhelm Reich sieht die Pulsation als Grundkennzeichen aller lebendigen Materie. Von der einfachsten Ebene der Einzeller bis hin zu den höchsten

Entwicklungsstufen des Lebens durchdringen pulsatorische Prozesse das Funktionieren des Lebendigen. Auch der Mensch unterliegt, mit Beginn seines Lebens nach der Empfängnis, der kontinuierlichen Rhythmik von Expansion und Kontraktion. Wir beobachten sie in der Peristaltik des Darmes, dem regelmäßigen Pulsen des Herzens, der Rhythmik der Atmung und der feinen Schwingung des cranialen Flüssigkeitssystems. Die Sexualität, Lern- und Arbeitsprozesse unterliegen ebenfalls pulsatorischen Gesetzmäßigkeiten.

Bei Babys können wir die Pulsation des Lebendigen besonders eindrucksvoll beobachten. Das Baby expandiert und strömt mit seiner Energie in Richtung zur Welt. In diesem entspannten Zustand ist die Haut warm und durchblutet, die Augen zeigen Glanz und die Bewegungen sind weich und verbunden. Das Baby erforscht in der ausdehnenden Phase seiner Pulsation lustvoll seine unmittelbare Umwelt. Die Menschen in seiner Nähe werden zu Interaktion und zum Spiel aufgefordert.

Doch die Säuglinge ermüden schnell in ihren Aktivitäten. Die Fließrichtung der Energie kehrt sich um. Es zieht seine biologischen Energien aus der Umwelt ab und wendet seine Aufmerksamkeit nun völlig dem eigenen Organismus zu. Das Baby befindet sich nun entweder in einem ruhigen Wach- oder Trancezustand oder es fällt langsam in den Schlaf. Der völlig entspannte Zustand eines Babys nach dem Stillen auf dem Bauch der Mutter beschreibt diesen Sammlungsprozess gut. Der amerikanische Psychologe und Körperpsychotherapeut Will Davis nennt diese Konzentration der biologischen Energien „Instroke".[3] Der Begriff beschreibt die nach innen gerichtete Bewegung der biologischen Energien von der Peripherie des Systems in Richtung zum Kern des Organismus.

Expansion (Outstroke) und Kontraktion (Instroke) befinden sich in einem ständigen Wechsel. Dabei ist die Sammlungsphase ebenso bedeutsam für das lebendige Funktionieren des Säuglings wie die expansiven, auswärts gerichteten Strebungen des Systems (Outstroke). Es ist vergleichbar mit den Schwüngen eines Kindes auf der Schaukel: Das Kind benötigt den Schwung von hinten, um sich kraftvoll nach vorne zu bewegen. Der Instroke ist Voraussetzung für die Bewegung in Richtung zur Welt. Beide Seiten sind für die volle Schwingungsfähigkeit des Organismus notwendig. Die freie bioenergetische Beweglichkeit äußert sich in der ständigen Oszillation des Organismus zwischen Selbstkontakt und Kontakt mit der Welt.

Die vegetativen Rhythmen des Säuglings

In der energetisch-funktionellen Betrachtungsweise Wilhelm Reichs spielt das vegetative oder auch autonome Nervensystem eine zentrale Rolle.

„Das vegetative Nervensystem vermittelt Veränderungen in allen Körperstrukturen und -flüssigkeiten, steuert und koordiniert im Hintergrund des Bewusstseins unsere Organtätigkeit, beeinflusst und modifiziert Atmung und Herzschlag, Verdauung oder Ausscheidung – praktisch alle Körpervorgänge und Erregungen bis hin zum Immunsystem." (Lassek 1997 s. Anm. [1])

Dem autonomen Nervensystem kommt somit, im Denken Wilhelm Reichs, die Funktion eines Vermittlers der bioenergetischen Fließprozesse im Organismus zu.

Wir unterscheiden zwei Aspekte des Vegetativums: Den Sympathikus und Parasympathikus bzw. Vagus.[4] Die beiden Teile des autonomen Nervensystems erregen den Gesamtorganismus in gegensätzlicher Weise. So überwiegt der Sympathikus immer dann, wenn der Organismus sich in einer Stress- oder Alarmsituation befindet, die subjektiv unlustvoll erlebt wird. Der Organismus zieht sich von der Welt zurück. Der Vagus zeigt sich überall dort, wo Entspannung und Regeneration im Vordergrund steht. In einer parasympathischen Erregung dehnt sich der Organismus in Richtung zur Welt aus. Die Energie- und Flüssigkeitsströme fließen vom Zentrum des Körpers in die äußeren Schichten des Systems. Wenn es einem gut geht, „strahlen" wir vor Freude oder wir könnten „vor Begeisterung platzen". In diesem entspannt-lustvollen Zustand funkeln die Augen, die Haut hat eine gesunde Farbe und wir stehen sicher auf den Füßen.

Bei einem Säugling können wir den Wechsel von sympathikotoner und vagotoner Innervation eindrucksvoll beobachten. Was passiert, wenn das Baby mit einer angst- bzw. schmerzvollen Situation konfrontiert wird, welche die Integrität des Systems bedroht? Dies kann z. B. der Fall sein, wenn das Baby direkt nach der Geburt für längere Zeit von der Mutter getrennt wird. Dem Säugling stehen keine Abwehrmechanismen zur Überwindung der Gefahrensituation zur Verfügung. Primär kommt es zu einer Sympathikus-Reaktion, die subjektiv mit angst- und unlustvollen Empfindungen des Baby einher geht. Die vegetativen Energien fließen abrupt von der Peripherie in die zentralen Bereiche des Organismus zurück. Bei dem von der Mutter getrennten Neugeborenen beobachten wir eine gesteigerte Atmung, die Erhöhung der Herztätigkeit und des Blutdrucks. Die Pupillen sind geweitet und die Haut, insbesondere an Händen und Füßen kalt und schweißig. Das Baby gerät völlig außer sich. Sein Schreien ist schrill und überschlägt sich. Sein Körper zeigt große motorische Unruhe. Das Schreien und die körperlichen Ausdrucksbewegungen sind verzweifelte Versuche des lebendigen Systems, die hoch gestauten inneren Energien zu entladen und die ursprüngliche Balance wieder herzustellen.

Die zentrale Frage ist nun, ob die Notsignale des Säuglings angemessen beantwortet werden oder nicht. Dies ist z. B. der Fall, wenn das getrennte Baby nach dem Schreien sofort in die sicheren Arme der Mutter oder einer

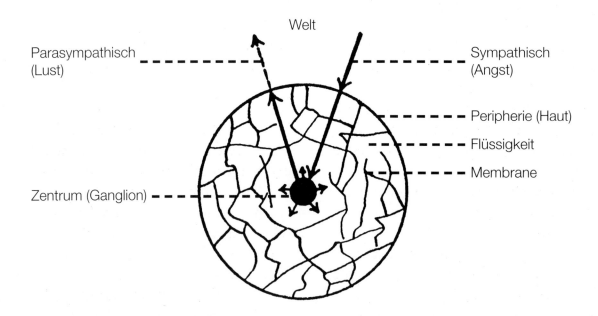

Parasympathisch	*Sympathisch*
Schwellende Ausdehnung	Schrumpfung
Verstärkter Turgor (Oberflächenspannung)	Verringerter Turgor (Oberflächenspannung)
Geringe zentrale Spannung	Hohe zentrale Spannung
Offen	Verschlossen
Der Welt zugewandt, nicht ich-bezogen	Der Welt abgewandt, ich-bezogen
Sexuelle Erregung; warme, rote Haut	Angst, Blässe, kalter Schweiß
„Strömung" vom Zentrum zur Peripherie	„Strömung" von der Peripherie zum Zentrum
Parasympathikonie, Entspannung	Sympathikotonie hohe Spannung

⟵ Lebensprozess schwankt zwischen ⟶

anderen Bindungsperson gegeben wird. Das neugeborene Menschenkind beginnt sich unter den tröstenden Worten und den schaukelnden Bewegungen ihres Körpers sofort zu entspannen. Der Vagus führt zu einer Öffnung der peripheren Bereiche des Körpers. Die äußeren Gefäße weiten sich, erlauben eine erhöhte Blutzufuhr. Die Haut ist nun warm und rosig. Die Atmung und der Herzschlag beruhigen sich, finden einen gleichmäßigen Rhythmus. Die Peristaltik nimmt ihre Arbeit wieder auf, wir hören das Gurgeln und Plätschern der Darmgeräusche. Nach der großen Anstrengung, die das Baby erfahren hat, „landet" es nun auf dem Bauch der Mutter. Langsam fällt es in einen ruhigen Trancezustand. Es ist jetzt ganz bei sich, geborgen und sicher.

Im Normalfall befindet sich der menschliche Säugling in einem ständigen Wechsel von vagischer und sympathischer Erregung. Das Gesamtsystem schwingt unablässig zwischen einer Streckung in Richtung zur Welt (Expansion) und einer Konzentration in Richtung zu sich selbst (Kontraktion) hin und her. Es ist dabei unzulässig von einem „guten" Parasympathikus und einem „bösen" Sympahtikus zu sprechen. Die sympathische Innervation ist wichtig für das Baby, um in den Wachphasen aktiv die Welt zu erkunden und seine Mitmenschen zur Kommunikation zu ermuntern. Es ist für das Baby von existentieller Bedeutung, dass es in bedrohlichen Situationen, die mit Unlust, Angst und Schmerz einher gehen, mit einer „Notfallreaktion" seines biologischen Systems antwortet. Erst die hilflosen und jämmerlichen Schreie und Signale bedeuten den nächsten Bindungspersonen, in welchem emotionellem und körperlichen Zustand sich das Baby befindet.

Umgekehrt ist es problematisch, den Vagus als den „guten" Part des autonomen Lebensnervensystems zu beschreiben. Ein dauerhaftes Überwiegen der Entspannungsimpulse führt zu Schlappheit und Müdigkeit. Ein Baby, das sich ständig in einem entspannten Zustand befindet, wirkt wenig beeindruckend auf seine Umwelt. Es zeigt kaum Interesse an der Erkundung seiner Umwelt, wirkt selten richtig wach und hat einen sehr schlaffen Körpertonus

„Reich definierte Gesundheit (...) nicht als Abwesenheit von Einschränkungen, Symptomen oder Krankheiten des menschlichen oder tierischen Organismus, sondern als eine Funktion der Wechselwirkung von Subjekt und innerer und äußerer Welt, als ständig sich verändernde Auseinandersetzung des Organismus mit sich selbst und seiner Umgebung." (Lassek 1997 s. Anm. [1])

Die Erstarrung des Lebendigen

Bisher bin ich in vereinfachter Form davon ausgegangen, dass es dem Baby gelingt, zu seinem bioenergetischen Gleichgewicht zurückzukehren. Dies ist in der Praxis nicht immer der Fall. Wir können häufig beobachten, dass sich Babys nach schwerwiegenden, traumatischen Erfahrungen emotionell und körperlich von der Welt zurückziehen. Im folgenden möchte ich schildern, was geschieht, wenn das Baby aufgrund von schmerzvollen Erfahrungen (Geburtstraumen; postnatale Trennungen von der Mutter etc.) in einen Zustand der biologischen und energetischen Erstarrung gerät. Sehr schön lässt sich dieser Prozess an den sehr einfach strukturierten Lebewesen, wie z. B. den Einzellern, veranschaulichen.[5)]

Das einzellige System besteht aus einem biologischen Kern, einem Plasmakörper und einer Membran, die die lebendige Einheit umschließt. Ununterbrochen lassen sich unter dem Mikroskop feine Erregungsimpulse im Einzeller beobachten. Die kleinen Systeme sind in ständiger Bewegung.

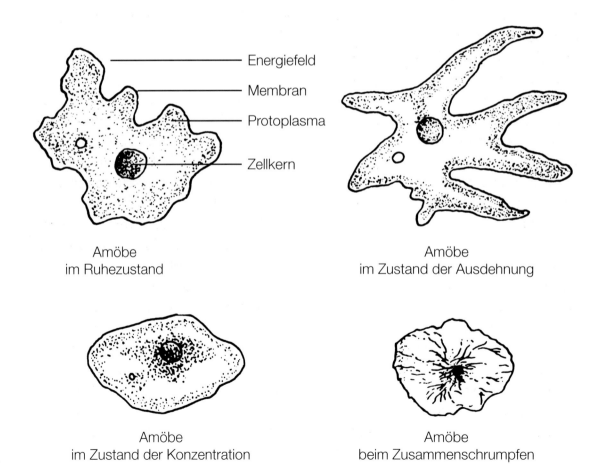

Amöbe
im Ruhezustand

Amöbe
im Zustand der Ausdehnung

Amöbe
im Zustand der Konzentration

Amöbe
beim Zusammenschrumpfen

Im positiven Milieu strecken sich die einzelligen Lebewesen in Richtung zur Welt aus. Sogenannte Plasmaarme (Pseudopodien) bilden sich. Sobald sie durch mechanische oder chemische Reize gestört werden, ziehen sie abrupt die Plasmaarme wieder ein. Die Amöbe kugelt sich ab und kontrahiert. Erst nach einer gewissen Zeit öffnet sie sich wieder und strömt auf die Welt zu. Werden die negativen Impulse mehrfach wiederholt, verharrt das System chronisch im zurückgezogenen und erstarrten Zustand. Es verliert seine „Pulsation des Lebendigen".

Trotz der unendlich viel komplexeren Struktur eines Säuglings unterliegt es einem identischen energetischen und plasmatischen Fließprozess wie das einzellige System: Wird das Baby negativen Einflüssen ausgesetzt, reagiert es mit Rückzug und Kontraktion. Der sympathische Teil des autonomen Nervensystems überwiegt. Subjektiv wird der Prozess vom Baby angst- und unlustvoll empfunden. Unter normalen Umständen erholt sich der Säugling nach dem Schrecken schnell und kehrt zu seinem vegetativen Gleichgewicht zurück.[6] Sind die Eindrücke jedoch zu massiv oder wiederholen sich die emotionellen Erfahrungen immer wieder (z. B. der emotionelle Kontaktabriss zur Mutter) verharrt das System chronisch im kontrahierten und sympathikotonen Zustand. Das Baby verliert nun die Fähigkeit, sich lustvoll zu entspannen.

Der bioenergetische Rückzug äußert sich in einem Verlust des emotionellen Kontakts des Babys mit seiner Umwelt. Reich bezeichnet diesen Verlust der lebendigen Pulsation des Organismus als „Biopathie" bzw. „emotionelle und körperliche Panzerung". Die Biopathie kann als Grunderkrankung der menschlichen Organismus verstanden werden. Bei Säuglingen zeigt sich der Verlust der emotionellen und körperlichen Lebendigkeit in einer ganzen Reihe von unterschiedlichen Symptomen.

Körpersignale des emotionalen Rückzugs

Viele Eltern fragen sich, woran sie erkennen können, ob ihr Baby sich in einem gestressten oder eher entspannten Zustand befindet. Es ist wichtig zu betonen, dass jedes Kind in seiner emotionellen und körperlichen Entwicklung Phasen durchlebt, in denen es angestrengt, unzufrieden und akut zurückgezogen ist. Emotionale Krisen sind integraler Bestandteil der lebendigen Entwicklung eines Säuglings. Entscheidend ist hierbei nicht, dass das Baby sich in bestimmten Momenten bioenergetisch und emotional von der Welt zurückzieht, sondern vielmehr, dass es die Fähigkeit besitzt, den Rückzug wieder aufzugeben und sich der Welt erneut zu öffnen.

Deshalb wird in der bioenergetischen Arbeit mit Babys auch zwischen akuten und chronischen Panzerungen des Säuglings unterschieden. Im folgenden möchte ich einige Merkmale der akuten und chronischen Kontraktion des Babys beschreiben. Alle genannten Symptome können kurzfristig bei völlig gesunden Babys auftauchen. So wird ein akut gestresstes Baby kaum noch den Blickkontakt zu den Eltern suchen, die Spannung des Gewebes wird sich erhöhen und die Hände und Füße werden kalt sein. Doch sobald es sich wieder entspannt und zur Ruhe kommt, werden sich diese körperlichen Zeichen verlieren und die vegetative Balance des Organismus ist wieder hergestellt.

Ein auffälliges Merkmal, das sich bei akuten und chronischen Panzerungen der Babys beobachten lässt, ist eine allgemeine Versteifung des Körpers. Dies zeigt sich besonders dort, wo Babys einen tiefgreifenden Schrecken erfahren haben (perinatale Traumatisierungen; abrupte postnatale Trennungen etc.). Ganz deutlich wird diese Versteifung, wenn wir das Baby auf dem Arm tragen. Ein entspanntes Baby schmiegt sich an und lässt sich im Körperkontakt zu einer wichtigen Bindungsperson fallen. Es ist ein Zustand der Hingabe und Anmut. Diese Fähigkeit des Sich-Fallen-Lassens verlieren die Babys, die sich in einem zurückgezogenen, sympathikotonen Zustand befinden. Der Körper dieser Babys, denen „der Schrecken in die Glieder gefahren ist", wirkt auf dem Arm hart und unnachgiebig. Wird der Säugling im Tragetuch transportiert, kommt es häufig zu Problemen. Das Baby schmiegt sich nicht richtig an, wie wir es bei einem entspannten Baby beobachten können, und rutscht deshalb leicht aus dem Tuch heraus.

Ein weiteres wichtiges Merkmal für den emotionalen Rückzug des Säuglings ist der kurzfristige oder dauerhafte Abbruch des Blickkontaktes. Aus einer bioenergetischen Perspektive stellen die Augen die erste erogene Zone des neugeborenen Organismus dar. Sie fungieren im Kontakt mit der Umwelt als bioenergetische Sender und Empfänger. Hat sich der Säugling emotional von der Welt zurückgezogen, greift es mit seinen Augen nicht aus und nimmt die Welt nicht mehr in sich auf. Manche Babys brechen den Blickkontakt sofort ab, wenn die Intensität und innere Berührung der Erfahrung das Toleranzniveau des Organismus überschreiten. Sie wenden dann entweder den Kopf zur Seite oder sie verschließen ganz die Augen.

Ein typisches Zeichen für akute oder chronische Stressreaktionen des Säuglings sind die kühlen und schweißigen Hände und Füße. Die Dominanz des Sympathikus führt zu einer Engstellung der Blutgefäße an der Peripherie des Organismus. Dieser Rückzug der biologischen Energien ins Innere des Körpers führt zu einer mangelnden Blut- und Energieversorgung in den Außenbereichen des Organismus. Neben den kalten Händen und Füßen lässt sich im emotionalen Rückzug häufig ein Erkalten des Gesäßes und der Genitalien beobachten.

Weitere Kennzeichen, die mit dem emotionalen und körperlichen Rückzug des Säuglings einher gehen, sind die auftretenden Schlafprobleme. Ein typisches Verhalten ist das plötzliche Aufschrecken, nachdem die Babys kurz zuvor eingeschlummert sind. Plötzlich fahren die Säuglinge hoch, beginnen zu schreien und spannen sich in ihrem gesamten Körper an. Erst nach mehreren Wellen von Einschlafen und Hochschrecken gelingt es ihnen, in den Schlaf zu fallen. Häufig ist der Schlaf von geringer Tiefe und leicht zu stören. Aus einer vegetativen Perspektive reagiert der zurückgezogene Organismus bei einer beginnenden Entspannungsreaktion (vagische Innervation) in paradoxer Weise. Statt loszulassen und sich der parasympathischen Dominanz der Vegetativums zu überlassen, blockiert der Organismus und wechselt abrupt in den sympathischen Modus. Die Folge ist die Zunahme der Wachheit, der Motorik, der Gewebe- und Muskelspannung. Auf den Begleiter wirkt es so, als wüsste das Baby nicht, was es wollte. Tatsächlich hat es durch die dauerhafte Anspannung seines Systems die Fähigkeit verloren, sich der lustvollen Öffnung seines Organismus hinzugeben.

Bioenergetische Aspekte der Babymassage

Am Anfang dieses Beitrags habe ich die Frage aufgeworfen, wie es zu erklären ist, dass die Babymassage derartig tiefgreifende Veränderungen im Säugling hervorruft. Die Antwort lautet, dass die liebevolle Babymassage die Ausdehnung und Öffnung (parasympathisches Funktionieren) des Organismus unterstützt. Die behutsamen Berührungen laden den Säugling ein, sich zu entspannen und den zurückgezogenen Zustand zu verlassen. Schon nach wenigen Babymassagen können wir deutliche Veränderungen im psychischen und körperlichen Verhalten des Säuglings wahrnehmen.

Ich möchte betonen, dass die Qualität der körperlichen Berührung von entscheidender Bedeutung für die Wirkung der Babymassage ist. Wir können zwischen kalten und mechanischen sowie nahen und berührenden Kontakten unterscheiden. Nur dort, wo sich eine emotionale Verbindung zwischen dem Baby und der massierenden Person aufbaut, entfaltet die Berührung eine lustvolle und vagische Wirkung auf den Säugling. In diesem Feld der Nähe wird der Säugling auf einer tieferen, energetischen Ebene erreicht. Genau diese Mobilisation der vegetativ-energetischen Ebene wird bei einer oberflächlichen und kalten Berührung nicht erreicht.

Ein zentrales Kennzeichen für eine beginnende Entspannungsreaktion des Säuglings ist die allgemeine Beruhigung und Verlangsamung seiner Bewegungen. Das Baby wirkt zentrierter, mehr verbunden mit seinem Körper. Der Ausdruck der Bewegungen bekommt etwas anmutiges und hingebendes. Besonders eindrucksvoll ist die Auflösung von Gewebe- und Muskelspannungen des Säuglings. Manchmal erkennt man schon nach wenigen Massagen des Babys, dass die Steifheit des Körpers sich verliert. Nach der Massage fühlen sich die Babys dann weicher, anschmiegsamer und emotionell näher an.

Das gepanzerte Baby hat sich aufgrund der schmerz- und unlustvollen Erfahrungen in das Innere seines Systems zurückgezogen. Dieser abgeschlossene und kontaktlose Zustand kann sich durch die regelmäßige Massage schnell verändern. Dann beobachten wir, dass das Baby sein Interesse an der Welt zurückgewinnt. Es erkundet neugierig die belebten und unbelebten Objekte in seiner Nähe, auch das Interesse am eigenen Körper kann zunehmen. War das Baby zuvor in seiner sensorischen Aufnahme- und Konzentrationsfähigkeit stark eingeschränkt, so können wir mit der beginnenden Entspannungsreaktion während der Babymassage beobachten, wie der Säuglinge seine Sinneskanäle öffnet und anfängt, sich die Welt einzuverleiben.

Am deutlichsten wird das Gesagte an dem lustvollen Blickkontakt, den Babys plötzlich aufnehmen, nachdem sie manchmal wochenlang Abstinenz geübt haben. Betroffene Eltern stehen diesen plötzlichen Veränderungen häufig wie einer Zauberei gegenüber. Tatsächlich öffnet die Babymassage den Energiefluss in den Augen. Im Zuge dieses Prozesses beginnen die Säuglinge plötzlich mit den Augen Gegenstände zu fixieren oder sie „flirten" mit den jeweilgen Bindungspartnern. In welche Richtung das Baby durch den Körperkontakt mobilisiert wird, ist völlig offen. Manche Babys bewegen sich spontan nach außen und suchen die Interaktion mit dem Gegenüber. Jene Säuglinge, die eher Schwierigkeiten haben, ihre Aufmerksamkeit auf den eigenen Körper zu lenken, die sich schnell zerstreuen und „außer sich" sind, reagieren primär mit Zentrierung und einem Inwärtsstrom der biologischen Energien.

Die eigentlich vorbeugende und gesundheitsfördernde Kraft der Babymassage liegt darin, dass sie die biologische Pulsation des Säuglings anregt. Um zu dem anfänglichen Bild zurückzukehren: Es spielt keine Rolle, ob das Kind beim Schaukeln nach vorne oder zurück schwingt, wichtig ist einzig und allein, dass es schaukelt.

Zusammenfassung

Mit Wilhelm Reichs bioenergetischem Gesundheits- und Krankheitsmodell können wir genauer bestimmen, was ein lebendiger und gesunder Säugling ist. Aus meiner eigenen Praxis weiß ich, wie massenhaft verbreitet die emotionelle und körperliche Panzerung bei Säuglingen in unserer Kultur ist. Während die moderne Säuglingsforschung gerade im Begriff ist, unser Bild vom Säugling zu revolutionieren, steckt die alltägliche Säuglingspflege in der Umsetzung dieser Erkenntnisse noch in den Kinderschuhen. Viele der über Jahrhunderte tradierten Umgangsformen mit Säuglingen, die angeblich nur ihrem Besten dienen, stehen in grundsätzlichem Widerspruch zu den lebendigen Grundbedürfnissen des neugeborenen Menschen. Die emotionelle Panzerung der Babys erzählt uns etwas über den Schmerz und die Unsicherheit, die diese kleinen Geschöpfe in ihrem noch kurzen Leben erfahren haben. Sie ist der strukturelle Ausdruck, dass das Kind vor, während oder nach der Geburt mit seinen Bedürfnissen nach Schutz, Geborgenheit und Wärme nicht gehört wurde.

Die fördernde und unterstützende Wirkung einer liebevollen und regelmäßigen Babymassage liegt gerade darin, dass sie den Babys das zurückgibt, was selbstverständlicher Bestandteil ihres Lebens sein sollte: Die Erfahrung von Liebe, Halt und Geborgenheit.

Anmerkungen

1) Heiko Lassek (1997): Orgontherapie. Ein Handbuch der Energiemedizin, S. 32, München
2) Reich, Wilhelm (1985): Die frühen Schriften 2; S. 62 ff., Frankfurt/M.
3) Davis, W. (1988): Die Arbeit mit dem Instroke; in: Ströme, Rundbrief für Reichianische Körperarbeit, Berlin
4) Buhl, H. (1994): Gesundheit, Krankheit, Körpertherapie; in: Emotion, Nr. 11, S. 94 – 125, Berlin
5) vgl. Baker, E.F. (1980): Der Mensch in der Falle, S. 37 ff., München
6) Reich, Wilhelm (1976): Ausgewählte Schriften, Eine Einführung in die Orgonomie; S. 138 ff., Köln

Thomas Harms, Jahrgang 1965, arbeitet als Psychologe und Körperpsychotherapeut in freier Praxis in Bremen sowie als Lehrbeauftragter am Fachbereich für Human- und Gesundheitswissenschaften der Uni Bremen. Er ist Begründer der 1. Schrei-Ambulanz in Berlin und leitet derzeit eine Schrei-Ambulanz in Bremen. Schwerpunkte seiner Arbeit sind die postnatale Krisenarbeit von Eltern und Schreibabys in emotionalen Notsituationen nach der Geburt sowie die körpertherapeutische Arbeit mit Säuglingen, die vor, während und nach der Geburt traumatisiert wurden (Frühchen, Kaiserschnitt-Babys etc.). Wichtige Lehrer für die Entwicklung seiner bioenergetischen Säuglingsarbeit waren der Körperpsychotherapeut Will Davis und die Ärztin Dr. Eva Reich.

Literatur

Auckett, Amelia D.: Wie man ein Baby glücklich macht, Haldenwang 1985

von Friesen, Astrid: Liebe spielt eine Rolle, Reinbek 1997

Höfele, Hartmut / Klein, Margarita: Sanfte Klänge für Babys und Eltern (Buch und CD), Münster 1999 (Ökotopia-Verlag)

von Hörner-Nitsch, Cornelia: Das Schmusebuch, Reinbek 1995

Kabat-Zinn, Myla und Jon: Mit Kindern wachsen, Freiamt 1997

Krüll, Marianne: Die Geburt ist nicht der Anfang, Stuttgart 1992

Largo, Remo: Babyjahre, München 1993

Leboyer, Frédérick: Sanfte Hände, München 1979

Milz, Helmut: Der wiederentdeckte Körper, München 1994

Mönkemeyer, Karin: Spiele für alle fünf Sinne, Reinbek 1988

Montague, Ashley: Körperkontakt, Stuttgart 1974

Ohashi, Wataru: Die sanfte Babymassage (Shiatsu), Bern / München / Wien 1989

Pikler, Emmi / Tardos, Anna: Miteinander vertraut werden, Freiburg 1997

Pousset, Raimund: Fingerspiele, Reinbek 1998 (erw. Neuausgabe)

Reich, Eva / Zornansky, Eszter: Lebensenergie durch sanfte Bioenergetik, München 1997

Reich, Eva: Sanfte Babymassage (Video), München 1997

Stern, Daniel: Mutter und Kind, die erste Beziehung, Stuttgart 1997

Strobel, Kornelia: Frühgeborene brauchen Liebe, München 1998

Zimmer, Katharina: Warum Babys und ihre Eltern alles richtig machen, München 1997

Über die Autorin

Margarita Klein, Jahrgang 1953, Hebamme, Diplom-Pädagogin, Familientherapeutin; zwei Töchter (* 1981 und 1983). Begann 1982 als freiberufliche Hebamme und baute 1992 das Geburtshaus in Hamburg mit auf. Heute in eigener Praxis als Hebamme und Familientherapeutin tätig. Überregionale Fortbildungsangebote für Hebammen, Geburtsvorbereiterinnen, PädagogInnen, Physio- und ErgotherapeutInnen zu den Themen: Massage für Babys und Kinder, Entwicklungsbegleitung von Anfang an, lösungsorientierte Beratung, Beckenbodentraining und Rückbildungsgymnastik.

Veröffentlichungen: Klein/Weber: „Das tut mir gut nach der Geburt. Rückbildung und Neufindung: Wie Frauen ihr Wohlbefinden stärken können". Reinbek 1998 (rororo 60421); „Kinder mögen Massage", in: Friedrich/Friebel (Hg.), „Ruhig und entspannt". Reinbek 1998 (rororo 60500); Höfele/Klein: „Sanfte Klänge für Eltern und Babys. Musik zur Entspannung und Ermunterung" (Buch und CD). Münster 1999 (Ökotopia Verlag)

Fortbildungsangebote und Ausbildung

Margarita Klein und der Lerntherapeut Dr. Jochen Klein leiten den Verein „Kreisel e.V. ... für das Leben mit Kindern". Dessen Anliegen ist es, die Stärken von Kindern und Eltern zu fördern, die Idee der Achtsamkeit im Umgang mit Kindern zu verbreiten und die Kompetenzen von Menschen, die in unterschiedlichen Berufen Entwicklung von Kindern begleiten, miteinander zu vernetzen. Der Verein bietet Vorträge, workshops und Ausbildungen u.a. zu „EntwicklungsbegleiterInnen" und zu „LerntherapeutInnen" an.

Jahresprogramm und weitere Informationen:
Kreisel e.V.
Große Bergstr. 252
22767 Hamburg
Tel./Fax: 040 / 38 55 83

Josephine Kronfli - Pit Budde

Fliegende Feder

Indianische Kultur in Spielen, Liedern, Tänzen und Geschichten

ISBN: 3-931902-26-9 (Box incl. Buch + CD)
ISBN: 3-931902-23-4 (nur CD)
ISBN: 3-931902-27-7 (Indianerpuppe Avyleni)

Gudrun Schreiber - Chen Xuan

Zhongguo ...ab durch die Mitte

Spielend China entdecken

ISBN: 3-931902-39-0

H.E.Höfele - S. Steffe

Der wilde Wilde Westen

Kinder spielen Abenteuer und Pioniere

ISBN: 3-931902-35-8 (Buch)

Wilde Westernlieder und Geschichten

ISBN: 3-931902-36-6 (CD)

Kinder spielen Geschichte

Im KIGA, Hort, Grundschule, Orientierungsstufe, offene Kindergruppen, bei Festen und Spielnachmittagen

Die erfolgreiche Reihe aus dem Ökotopia Verlag

G. + F. Baumann

Mit Mammut nach Neandertal

Kinder spielen Steinzeit

ISBN: 3-925169-81-4

G. + F. Baumann

ALEA IACTA EST

Kinder spielen Römer

ISBN: 3-9321902-24-2

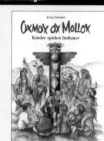

J. Sommer

OXMOX OX MOLLOX

Kinder spielen Indianer

ISBN: 3-925169-43-1

B. Schön

Wild und verwegen übers Meer

Kinder spielen Seefahrer und Piraten

ISBN (Buch): 3-931902-05-06
ISBN (CD): 3-931902-08-0

P. Budde + J. Kronfli

Fliegende Feder

Indianische Kultur in Spielen, Liedern, Tänzen und Geschichten

Box incl. CD 3-931902-26-9
CD 3-931902-23-4
Indianerpuppe Avyleni 3-931902-27-7

Hoffmann - Pieper

Das große Spectaculum

Kinder spielen Mittelalter

ISBN: 3-925169-78-4

Auf den Spuren fremder Kulturen

M. Rosenbaum - A. Lührmann-Sellmeyer

PRIWJET ROSSIJA

Spielend Rußland entdecken

ISBN: 3-931902-33-1

G. Schreiber – P. Heilmann

Karibuni Watoto

Spielend Afrika entdecken

ISBN (Buch): 3-931902-11-0
ISBN (CD): 3-931902-12-9

Miriam Schultze

Sag mir wo der Pfeffer wächst

Spielend fremde Völker entdecken

Eine ethnologische Erlebnisreise für Kinder

ISBN: 3-931902-15-3

Mit-Spiel-Lieder und Bücher aus dem Ökotopia Verlag
Hafenweg 26 · D-48155 Münster

Reinhold Pomaska
Gitarren-schule und Kinder-lieder

An einem Abend Gitarrenbegleitung lernen

ISBN (Buch incl. CD): 3-931902-10-2

H. Höfele - M. Klein
Sanfte Klänge für Eltern und Babys

Musik, Informationen und Anregungen zum Träumen und Spielen

ISBN (Buch + CD): 3-931902-37-4

M. & R. Schneider
Horizonte erweitern

Bewegen, Entspannen und Meditieren mit Jugendlichen

ISBN (Buch + CD): 3-931902-40-4

Monika Schneider
Gymnastik-Spaß für Rücken und Füße

Gymnastikgeschichten und Spiele mit Musik für Kinder ab 5 Jahren

ISBN (Buch incl. CD): 3-931902-03-X
ISBN (Buch incl. MC): 3-931902-04-8

W. Hering
AQUAKA DELLA OMA

88 alte und neue Klatsch- und Klanggeschichten

ISBN (Buch): 3-931902-30-7
ISBN (CD): 3-931902-31-5

Wolfgang Hering
Kinder leichte Kanons

Zum Singen, Spielen, Sprechen und Bewegen

ISBN (Buch incl. CD): 3-925169-90-3
ISBN (nur Buch): 3-925169-91-1
ISBN (MC): 3-925169-92-X

Gisela Mühlenberg
Budenzauber

Spiellieder und Bewegungsspiele für große und kleine Leute

ISBN: 3-925169-41-5
dazu **MusiCassette** ISBN: 3-925169-63-6

Sabine Hirler
Kinder brauchen Musik Spiel und Tanz

Bewegt-musikalische Spiele, Lieder und Spielgeschichten für Kinder

ISBN (Buch): 3-931902-28-5
ISBN (CD): 3-931902-29-3

Ilonka Breitmeier
Von Krokodilen und ganz anderen Ungeheuerlichkeiten

Ermutigende und hilfreiche Geschichten für Kinder ab 4 Jahren

ISBN (Buch): 3-931902-16-1
ISBN (MC Traumzeiten) mit Schlafliedern: 3-931902-17-X

M. Beermann - A. Breucker
Tänze für 1001 Nacht

Geschichten, Aktionen und Gestaltungsideen für 15 Kindertänze ab 4 Jahren

ISBN (Buch incl. CD): 3-925169-82-2
ISBN (nur Buch): 3-925169-86-5
ISBN (nur MC): 3-925169-83-0

Volker Friebel
Mandalareisen mit Kindern

Naturmeditationen, Wahrnehmungs-übungen, Fantasiereisen und Malvorlagen

ISBN (Buch incl. CD): 3-931902-32-3

Volker Friebel
Weiße Wolken – Stille Reise

Ruhe und Entspannung für Kinder ab 4 Jahren.
Mit vielen Geschichten, Übungen und Musik

ISBN (Buch incl. CD): 3-925169-95-4
ISBN (Buch incl. MC): 3-925169-94-6

Ökotopia Spiele- und Buchversand

Der Fachversand für umwelt- und spielpädagogische Materialien

Fordern Sie unser kostenloses Versandprogramm an:

Ökotopia Verlag
Hafenweg 26 · D-48155 Münster
Tel.: (02 51) 66 10 35 · Fax: 6 38 52
E-Mail: info@oekotopia-verlag.de
Homepage: http://www.oekotopia-verlag.de

 **Inseln der Entspannung**
Kinder kommen zur Ruhe mit 77 phantasievollen Entspannungsspielen

ISBN: 3-931902-18-8

 **Voll Sinnen spielen**
Wahrnehmungs- und Spielräume für Kinder ab 4 Jahren

ISBN: 3-925169-88-1

 **Schmusekissen Kissenschlacht**
Spiele zum Toben und Entspannen

ISBN: 3-925169-50-4

 **Auf dem Blocksberg tanzt die Hex'**
Spiele, Geschichten und Gestaltungsideen für kleine und große Hexen

ISBN: 3-931902-19-6

 **Kritzeln-Schnipseln-Klecksen**
Erste Erfahrungen mit Farbe, Schere und Papier und lustige Ideen zum Basteln mit Kindern ab 2 Jahren in Spielgruppen, Kindergärten und zu Hause

ISBN: 3-925169-96-2

 **Lieben - Kuscheln - Schmusen**
Hilfen für den Umgang mit kindlicher Sexualität im Vorschulalter

ISBN: 3-925169-53-9

 **Eltern-Turnen mit den Kleinsten**
Anleitungen und Anregungen zur Bewegungsförderung mit Kindern von 1- 4 Jahren

ISBN: 3-925169-89-X

 **Wi-Wa-Wunderkiste**
Mit dem Rollreifen auf den Krabbelberg – Spiel- und Bewegungsanimation für Kinder ab einem Jahr Mit einfachen Materialien zum Selberbauen

ISBN: 3-925169-85-7

 **Tausendfüßlers Taschentuch**
Spiele mit Seilen und Tüchern

ISBN: 3-925169-25-3

 **Laß es spuken**
Das Gruselbuch zum Mitmachen

Best.-Nr.: 20812

 **Reingelegt und Angeschmiert**
Coole Streiche und verblüffende Tricks

ISBN: 3-925169-97-0

 **Chaos oder Chance**
Altersgemischte Gruppen in Tagesstätten

ISBN: 3-925169-54-7

Umwelt spielend begreifen
aus dem Ökotopia Verlag
Hafenweg 26 · D-48155 Münster

Larix, Taxus, Betula
Pfiffige Spiele, Basteleien, Rezepte und Aktionen rund um Bäume

Eine wahre Fülle von Beschäftigungsideen rund um den Baum: Zu den Bastelvorschlägen mit einheimischen und exotischen Baumprodukten kommen Erkundungsaufträge, Spiele, größere Aktionen und ausgefallene Rezeptideen hinzu. Ergänzende Infos und kulturgeschichtliche Hinweise regen zur Weiterbeschäftigung mit dem Thema an.

ISBN: 3-925169-98-9

Ökologie im Schulalltag
Grundlagen, Aktivitäten, Unterrichtshinweise

„Das Buch ist für alle Schularten geeignet und wird dringend zur Anschaffung empfohlen." (Aus: Informationsdienst für den Bestandsaufbau der öffentl. Bibliotheken; Leipziger komissions- und Großbuchhandelsgesellschaft, Nr. 19/92)

ISBN: 3-925169-40-7

Jolly Joggers und Lilly Lindes großes, grasgrünes Umwelt-Spiel- und Spaßbuch

„Eine bunte Palette von Spielideen, unter denen eigentlich jeder Anregungen für Spiele mit Kindern in allen Altersstufen und für jede Jahreszeit finden kann. Besonders erwähnenswert: Alle Ideen sind ohne großen finanziellen Aufwand durchführbar." (Aus: Umwelt kommunal, Nr. 199 (01.02.94)

ISBN: 3-925169-55-5

Umwelt Spielekartei
200 Spielideen und Gestaltungsvorschläge

„Die Spiele eignen sich für Einzelne, kleine und große Gruppen, angefangen vom Kindergarten bis zu Jugendlichen und hinein in den Familienkreis. Die Sammlung sollte zur Grundausstattung von Jugendherbergen, Schullandheimen und Lehrerbüchereien gehören." (Aus: Der Junglehrer, 31. Jhg., Heft 12)

ISBN: 3-925169-13-x

Stutzen, Staunen, Stöbern
Spiele mit Knud dem Umweltfreund

„Das Buch – und natürlich KNUD – zeigen Erzieherinnen, Lehrerinnen und Eltern, wie abwechslungsreich umwelterzieherisches Arbeiten mit Kindern sein kann." (Aus: Grünstift. Das Berliner Naturschutz Magazin. Heft 12/Dez. 1991)

ISBN: 3-925169-28-8 (Buch u. Puppe)

Mit Kindern in den Wald
**Wald-Erlebnis-Handbuch
Planung, Organisation und Gestaltung**

Es ist den Autorinnen gelungen, aus ihren vielfältigen Erfahrungen in Projekten mit Kinder-Gruppen ein echtes Wald-Erlebnis-Handbuch zusammenzustellen, das von der Planung, Organisation bis hin zur Durchführung zahlreiche Anregungen und Hilfestellungen gibt.

ISBN: 3-931902-25-0

Naturspielräume
gestalten und erleben

„... eine Fundgrube." (Aus: Spiel Bar, Ralf Böttjer)
„R. Wagner ist es gelungen, eine einfache, praktisch umsetzbare Anleitung für Pädagogen, Erzieher und Eltern zu publizieren." (Aus: Dt. Lehrerzeitung 49/94)
„Was für ein hervorragendes Buch!" (Aus: kindergarten heute, 2/95 -A. Krenz)

ISBN: 3-925169-66-0

Kiesel-Schotter-Hinkelstein
Geschichten und Spiele rund um Steine

Für Kinder und Erwachsene, für Einzelne und Gruppen bietet dieses Buch eine Fülle von Anregungen zum Forschen und Entdecken, zum Spielen und Formen, zum Sinnen und Sprechen.

ISBN: 3-925169-77-6

Bücher für die Gruppenarbeit aus dem Ökotopia Verlag
Hafenweg 26 · D-48155 Münster

W. Antes u. a.
Medien und Gewalt
Aktive Medienarbeit mit Kindern und Jugendlichen

ISBN: 3-925169-64-4

Dave Ruse
City Adventures
Spiele und erlebnispädagogische Aktivitäten (nicht nur) für große und kleine Städte(r)

ISBN: 3-925169-88-1

W. Antes u. a.
Erlebnispädagogik
Theorie und Praxis in Aktion

ISBN: 3-925169-52-0

G. Grüneisl
Kunst & Krempel
Fantastische Ideen für kreatives Gestalten mit Kindern, Jugendlichen und Erwachsenen

ISBN: 3-931902-14-5

U. Geißler
Wilde Spiele
Spiele, Spaß und Abenteuer für tobelustige und verwegene Gruppen

ISBN: 3-925169-80-6

W. Antes
Projektarbeit für Profis
Das umfangreiche Medien-Set für Praktiker der Sozialen Arbeit in Vereinen, Verbänden und Bildungseinrichtungen

ISBN: 3-931902-00-5

U. Baer u.a.
Remscheider Spielkartei
24 Spielketten zum sozialen Lernen für Menschen ab 8 Jahren

ISBN: 3-925169-46-6

Paul Lahninger
Leiten, präsentieren, moderieren
Lebendig und kreativ

Arbeits- und Methodenbuch für Teamentwicklung und qualifizierte Aus- und Weiterbildung

ISBN: 3-931902-20-X

W. Jokisch
Steiner Spielkartei
Elemente zur Entfaltung von Kreativität, Spiel und schöpferischer Arbeit in Gruppen

ISBN: 3-925169-09-1

B. Kuhnt, N. R. Müllert
Moderationsfibel
Zukunftswerkstatt
verstehen, anleiten, einsetzen

Das Praxisbuch zur sozialen Problemlösungsmethode Zukunftswerkstatt

ISBN: 3-925169-93-8

W. Kienitz, B. Grabis
Reingelegt und Angeschmiert
Coole Streiche und verblüffende Tricks

ISBN: 3-925169-97-0

A. Schmidt
Die Versöhnung der Prinzen
- Geländespiele -

Fantasy-Abenteuer für große Gruppen

ISBN: 3-931902-02-1